JN050702

学ぶ人は、
変えて
ゆく人だ。

目の前にある問題はもちろん、

人生の問いや、

社会の課題を自ら見つけ、

挑み続けるために、人は学ぶ。

「学び」で、

少しずつ世界は変えてゆける。

いつでも、どこでも、誰でも、

学ぶことができる世の中へ。

旺文社

文部科学省後援

英検®2級
でる順
パス単

5訂版

英検®は、公益財団法人 日本英語検定協会の登録商標です。

旺文社

発音記号表

■ 母音

発音記号	例	発音記号	例
[iː]	eat [iːt]	[u]	casual [kǽʒuəl]
[i]	happy [hǽpi]	[uː]	school [skuːl]
[ɪ]	sit [sɪt]	[eɪ]	cake [keɪk]
[e]	bed [bed]	[aɪ]	eye [aɪ]
[æ]	cat [kæt]	[ɔɪ]	boy [bɔɪ]
[ɑː]	palm [pɑːlm]	[aʊ]	house [haʊs]
[ʌ]	cut [kʌt]	[oʊ]	go [goʊ]
[əːr]	bird [bəːrd]	[ɪər]	ear [ɪər]
[ə]	above [əbʌ́v]	[eər]	air [eər]
[ər]	doctor [dɑ́(ː)ktər]	[ɑːr]	heart [hɑːrt]
[ɔː]	law [lɔː]	[ɔːr]	morning [mɔ́ːrnɪŋ]
[ʊ]	pull [pʊl]	[ʊər]	poor [pʊər]

※ 母音の後の[r]は，アメリカ英語では直前の母音がrの音色を持つことを示し，イギリス英語では省略されることを示す。

■ 子音

発音記号	例	発音記号	例
[p]	pen [pen]	[v]	very [véri]
[b]	book [bʊk]	[θ]	three [θriː]
[m]	man [mæn]	[ð]	this [ðɪs]
[t]	top [tɑ(ː)p]	[s]	sea [siː]
[ṭ]	water [wɔ́ːṭər]	[z]	zoo [zuː]
[d]	dog [dɔ(ː)g]	[ʃ]	ship [ʃɪp]
[n]	name [neɪm]	[ʒ]	vision [víʒən]
[k]	cake [keɪk]	[h]	hot [hɑ(ː)t]
[g]	good [gʊd]	[l]	lion [láɪən]
[ŋ]	ink [ɪŋk]	[r]	rain [reɪn]
[tʃ]	chair [tʃeər]	[w]	wet [wet]
[dʒ]	June [dʒuːn]	[hw]	white [hwaɪt]
[f]	five [faɪv]	[j]	young [jʌŋ]

※ [ṭ]はアメリカ英語で弾音（日本語のラ行に近い音）になることを示す。
※ 斜体および[(ː)]は省略可能であることを示す。

はじめに

　本書は1998年に誕生した『英検Pass単熟語』の5訂版です。「出題される可能性の高い単語を，効率よく覚えられる」ように編集されており，英検合格を目指す皆さんに長くご愛用いただいています。

3つの特長

❶「でる順」で効果的に覚えられる！

過去5年間の英検の問題※を分析し，よく出題される単語・熟語・表現を「でる順」に掲載しました。

❷ 学習をサポートする無料音声つき！

スマートフォンで音声を聞くことができる公式アプリと，パソコンからの音声ダウンロードに対応しています。

❸ 学習効果がわかるテストつき！

単語編と熟語編には，見出し語を覚えたか確認できるチェックテストがついています。

　本書での単語学習が皆さんの英検合格につながることを心より願っています。

　最後に，本書の刊行にあたり多大なご協力をいただきました，入江泉先生，九州大学大学院言語文化研究院 准教授 内田諭先生に深く感謝の意を表します。

※2015年度第2回〜2020年度第1回の英検過去問題

もくじ

単語編

でる度 **A** 常にでる基本単語 • **500**

でる度 **B** よくでる重要単語 • **400**

でる度 **C** 差がつく応用単語 • **400**

別冊 My Word Book

執筆：入江泉
編集協力：株式会社シー・レップス，鹿島由紀子，Sarah Matsumoto，渡邉真理子
データ分析・語彙選定協力：内田諭　　データ分析協力・組版：幸和印刷株式会社
装丁デザイン：浅海新菜（及川真咲デザイン事務所）
本文デザイン：伊藤幸恵　　イラスト：三木謙次
録音：ユニバ合同会社　　ナレーション：Chris Koprowski，Ann Slater，大武芙由美

本書の構成

単語編

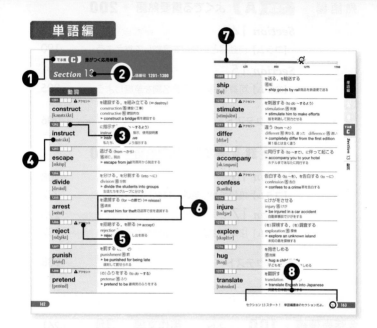

❶ **でる度**：データ分析に基づき「でる度A, B, C」に分けて掲載しています。

❷ **セクション**：100語区切りで1～13まであります。

❸ **チェック欄**：チェックして学習に役立てましょう。

❹ **発音記号**：見出し語の読み方を表す記号です。（詳細はp.2参照）

❺ **発音・アクセント注意**：特に「発音」「アクセント」に注意が必要な語に記載しています。

❻ **語義その他**：英検合格に必要なものを取り上げています。他動詞の語義には基本的に小文字で「を」「に」などを示しています。「を」「に」などがない動詞は自動詞です。その他，派生関係にある語などを掲載しています。

❼ **進捗ゲージ**：どこまで覚えたか一目でわかります。

❽ **でちゃうくん**：本書のキャラクター「でちゃうくん」が，見出し語のちょっとした豆知識を教えてくれます。

熟語編

でる度 A　よくでる重要熟語

Section 14

見出し語番号 1301-1400

9

1301
according to ~ ●
〜によれば

According to the researchers, their discovery in India may be the answer.
研究者たちによれば，インドでの彼らの発見は，その答えになるかもしれない。

1302
in order to *do*
〜するために

He founded a company **in order to spread** his idea to the world.
彼は世界中に自分のアイデアを広めるために会社を設立した。

1303
a number of ~
いくらかの〜，たくさんの〜

We have a **number** of school events in fall.
私たちは秋にいくらかの学校行事がある。

1304
lead to ~
〜につながる，〜に（必然的に）発展する

The new system is convenient, but it can **lead to** crimes.
新しいシステムは便利だが，犯罪につながりうる。

1305
work on ~
〜に取り組む

Researchers have been **working on** finding a cure for AIDS.
研究者たちはエイズの治療法発見に取り組んできた。

1306
suffer from ~
〜に苦しむ，〜の病気になる

There are many people **suffering from** hunger in the world.
世界には飢えに苦しんでいる人が多くいる。

176

会話表現編

9

046
I'll treat yo
私がごちそうします。

A: I'm afraid I left my wallet at home.
B: That's all right. **I'll treat you** tonight.
A: あいにく家に財布を忘れてきちゃったんだ。
B: 大丈夫よ。今夜は私がごちそうするわ。

047
I'm afraid not.
残念ながら，そうではありません。

A: Do you think we'll be in time to catch the bus?
B: **I'm afraid not.**
A: バスに間に合うと思う？
B: 残念ながら，ちょっと。

英作文編

9

016
because o
〜のために，〜の理由で

Many people want to buy such products **because of** their low price.
多くの人がその安い価格のためにそのような製品を買いたいと思います。

017
One [Another] reason is that ...
理由の1つは [もう1つの理由は] …だからです

One reason is that they are good for the environment.
理由の1つは，それらは環境にいいからです。

❾見出し：熟語と会話表現はよく出題されるものを，英作文は2級で使える表現を取り上げています。

❿例文と訳：見出しに対応する部分は，例文では太字，訳では赤字にしています。会話表現編は会話形式の例文を掲載しています。

● 表記について

動 動詞	名 名詞	形 形容詞
副 副詞	接 接続詞	前 前置詞
代 代名詞		

( ) …… 省略可能／補足説明	
[ ] …… 直前の語句と言い換え可能	
〈 〉 …… コロケーション／文型表示	

= 同意語　≒ 類義語　⇔ 反意語	*A, B* …… *A, B* に異なる語句が入る
	one's, oneself …人を表す語句が入る
★ 補足情報／動詞の不規則変化	*do* …… 動詞の原形が入る
▶ 用例・見出し語に関連した表現	*doing* … 動名詞，現在分詞が入る
	to do …… 不定詞が入る

音声について

本書に掲載されている以下の音声をスマートフォン等でお聞きいただけます。

🎧 音声の内容

単語編	見出し語（英語）→ 見出し語の訳
熟語編	見出し語（英語）→ 見出し語の訳 → 例文（英語）
会話表現編	見出し（英語）→ 見出しの訳 → 例文（英語）
英作文編	見出し（英語）→ 見出しの訳 → 例文（英語）

🎧 音声の聞き方

2種類の方法で音声をお聞きいただけます。

■パソコンで音声データ（MP3）をダウンロード

ご利用方法

❶ 以下のURLから，Web特典にアクセス

URL：**https://eiken.obunsha.co.jp/2q/**

❷ 本書を選び，以下のパスワードを入力してダウンロード

nsmzri ※全て半角アルファベット小文字

❸ ファイルを展開して，オーディオプレーヤーで再生

音声ファイルはzip形式にまとめられた形でダウンロードされます。展開後，デジタルオーディオプレーヤーなどで再生してください。

※音声の再生にはMP3を再生できる機器などが必要です。
※ご使用機器，音声再生ソフト等に関する技術的なご質問は，ハードメーカーもしくはソフトメーカーにお願いいたします。
※本サービスは予告なく終了することがあります。

■ 公式アプリ「英語の友」(iOS/Android) で再生

ご利用方法

❶「英語の友」公式サイトより，アプリをインストール

URL：**https://eigonotomo.com/**

🔍 英語の友

左記のQRコードから読み込めます。

❷ アプリ内のライブラリより本書を選び，「追加」ボタンをタップ

❸ 再生モードを選んで再生

書籍音源モード	音声データダウンロードと同じ内容の音声を再生できます。
単語モード	単語編，熟語編について「見出し語（英語）」の音声再生ができ，再生間隔や回数を自由に編集することができます。英語だけを再生したい，複数回連続で再生したい，発音練習するためのポーズ（間隔）を空けたい，等にご利用いただけます。

そのほか，以下の機能をご利用いただけます。

- シャッフル再生
- リピート再生
- 再生速度変換（0.5 〜 2.0倍速）
- バックグラウンド再生
- 絞り込み再生（チェックした単語のみ再生）

※本アプリの機能の一部は有料ですが，本書の音声は無料でお聞きいただけます。
※詳しいご利用方法は「英語の友」公式サイト，あるいはアプリ内のヘルプをご参照ください。
※本サービスは予告なく終了することがあります。

オススメ単語学習法

2級によくでる単語を効率的に覚えるには，以下の3つのステップ
で学習するのがおすすめです。

STEP 1　仕分け　知らない単語をチェック

まず，「知っている単語」と「知らない単語」の仕分けをします。知らない
単語や自信がない単語があったら，1つ目のチェックボックスに印を付け
ましょう。

知らない単語にチェックを付ける

まずは，1つ目の意味を覚えていればOK！

STEP 2　暗記　チェックが付いた単語を覚える

チェックが付いた単語だけを集中して覚えます。音声を聞いたり，声に
出して発音したり，ノートに書いたりして覚えましょう。

STEP 3　確認　覚えたか確認する

チェックを付けた単語を覚えたか，付属の赤セルシートを使って隠して
確認しましょう。まだ覚えていない，もしくは自信がない場合は，2つ目
のチェックボックスに印を付け，覚えるまで STEP 2 → STEP 3 を繰り返
しましょう。

覚えていなかったら，2つ目のチェックを付ける

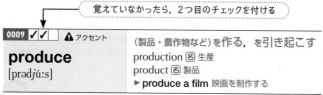

○でる度が高い単語から覚えよう

本書は，英検の出題データを分析した「でる順」に並んでいます。時間がない場合は，「でる度A」だけはしっかり覚えるようにしましょう。

○セクションごとに進めよう

本書は，1つのセクションが100語で構成されています。例えば，「2日で100語」のように目標を決めて，セクション単位で学習するのがおすすめです。以下のように， STEP 1 ～ STEP 3 をセクションごとに繰り返して覚えていきましょう。1日目に覚えられなかった単語は2日目に確認し，覚えていなかったら3日目にまた確認しましょう。

〈例〉1日に50語学習する場合

1日目 *Section* 1 0001~0050 STEP 1 仕分け と，
STEP 2 暗記 を行う

2日目 *Section* 1 0001~0050 STEP 3 確認 を行う
Section 1 0051~0100 STEP 1 仕分け と，
STEP 2 暗記 を行う

3日目 *Section* 1 0001~0100 STEP 3 確認 を行う
Section 2 0101~0150 STEP 1 仕分け と，
STEP 2 暗記 を行う

繰り返す

少しずつ
繰り返し覚えよう！

○テストで確認しよう

各でる度の最後にチェックテストを設けています。
総仕上げとして，意味をしっかり覚えられたかテスト形式で確認しましょう。

○ 付属音声 (p.8 ～ 9参照) や準拠ノートを活用しよう

記憶を定着させるには，「見て」覚えるだけでなく，音声を利用することが効果的です。公式アプリやダウンロード音声を利用し，繰り返し「聞いて」，音声をまねて「発音して」みましょう。また，ノートに「書いて」覚えるのもおすすめです。

旺文社リスニングアプリ
英語の友

旺文社刊行の英検対策書に
多数対応！

音声再生のほかに，
- 試験日カウントダウン
- 学習目標管理
- 単語テスト（1日の回数制限あり）

などの機能があります。

英検2級 でる順パス単 書き覚えノート [改訂版]

『英検2級 でる順パス単 [5訂版]』準拠の
書いて覚える単語学習用ノート

セットで学習するとさらに効果的！

でる度
A

単語編 常にでる基本単語 **500**

Section 1

動詞

0001	
let [let]	(let O *do* で) O に〜させる, O が〜するのを許す ★ let-let-let ▶ **let me know about the plan** 計画について私に知らせる

0002 ⚠ 発音	
create [kri(:)éɪt]	(を)つくり出す, (を)創造する creation 图 創造 creative 形 創造的な ▶ **create new jobs** 新しい仕事をつくり出す

0003 ⚠ 発音	
cause [kɔːz]	を引き起こす, の原因となる (⇔ prevent) 图 原因 ▶ **cause a problem** 問題を引き起こす

0004 ⚠ アクセント	
increase [ɪnkríːs]	増加する, を増やす (⇔ decrease) 图 [íŋkriːs] 増加 ▶ **dramatically increase** 劇的に増加する

0005	
leave [liːv]	(leave O C で) O を C のままにしておく, を置き忘れる, (を)去る (⇔ arrive at) ★ leave-left-left ▶ **leave the lights on** 電灯をつけっぱなしにする

0006 ⚠ アクセント	
develop [dɪvéləp]	を開発する, を発達させる, 発達する development 图 発達 ▶ **develop a new product** 新製品を開発する

0007	
reduce [rɪdjúːs]	を減らす, を小さくする reduction 图 減少, 短縮, 削減 ▶ **reduce the number of students** 生徒の数を減らす

0008 ⚠ 発音	
improve [ɪmprúːv]	を進歩[向上]させる (⇔ worsen), 良くなる improvement 图 改善, 進歩 ▶ **improve sales by 30%** 売り上げを30%向上させる

0009	⚠ アクセント	（製品・農作物など）を作る，を引き起こす
produce [prədjúːs]		production 图 生産 product 图 製品 ▶ **produce a film** 映画を制作する

0010	⚠ アクセント	意見が一致する〈with（人）と〉〈⇔ disagree〉， 同意する〈to（意見など）に〉
agree [əgríː]		agreement 图 一致，同意 ▶ **agree with you** あなたと同じ意見である

0011		がわかる，を見分ける〈from ～と〉，を知らせる
tell [tel]	★ tell-told-told ▶ **can't tell what will happen** 何が起こるかわからない

0012	⚠ 発音	を許す
allow [əláu]		allowance 图 許容量，手当 ▶ **allow him to go** 彼が行くのを許す

0013	⚠ アクセント	（を）準備する〈to do ～する，for ～のために〉
prepare [prɪpéər]		preparation 图 準備 ▶ **prepare to go on a picnic** ピクニックに行く準備をする

0014		を所有している
own [oun]	形 自分自身の，特有の ▶ **own a private airplane** 自家用飛行機を所有している

0015		（を）検査［点検］する
check [tʃek]	图 検査，会計伝票，小切手 ▶ **check the tires** タイヤを点検する

0016		を提案する，を示唆する
suggest [səgdʒést]	▶ **suggest that he (should) go** 彼が行くよう提案する

0017	⚠ 発音	（費用）がかかる，費用がかかる
cost [kɔːst]		图 費用，犠牲 ▶ **It costs 500 dollars to fly to Seattle.** シアトルへ飛行機で行くのに 500 ドルかかる。

単語編
でる度
A
B
C
Section 1 動詞

0018			
meet [mi:t]	(要求・条件など)を満たす，に会う ★meet-met-met ▶ meet *one's* conditions 条件を満たす

0019			
provide [prəváɪd]	を提供[供給]する〈for, to ～に〉 provision 图 供給，用意 ▶ provide lunch for the children 子どもたちに昼食を提供する

0020			
waste [weɪst]	を浪費する〈on ～に〉(⇔ save) 图 浪費，廃棄物　形 廃物の，不用の ▶ waste money on clothes 服にお金を浪費する

0021			
protect [prətékt]	を保護する〈from, against ～から〉 protective 形 保護する　protection 图 保護 ▶ protect a child from danger 子どもを危険から守る

0022			⚠ アクセント
offer [ɔ́(ː)fər]	を申し出る，を提供する 图 申し出，提供 ▶ offer help 援助を申し出る

0023			
describe [dɪskráɪb]	(の特徴)を述べる，を描写する description 图 記述 ▶ describe the missing dog 行方不明の犬の特徴を述べる

0024			⚠ アクセント
damage [dǽmɪdʒ]	に損傷[損害]を与える 图 損傷，損害 ▶ be badly damaged ひどく損傷を受けている

0025			⚠ アクセント
disagree [dìsəgríː]	意見が食い違う〈on ～について，with ～と〉 (⇔ agree)，一致しない〈with ～と〉 disagreement 图 意見の相違，不一致 ▶ disagree on that point その点で意見が合わない

0026			⚠ アクセント
recommend [rèkəménd]	を推薦する〈to ～に〉 recommendation 图 推薦 ▶ recommend a good movie to everyone みんなに良い映画を薦める

単語編

でる度 **A**

B

C

Section 1 動詞

0027

repair
[rɪpéər]

を修理する〈⇔ damage〉

名 修理

▶ have my washing machine repaired
洗濯機を修理してもらう

0028

share
[ʃeər]

を共有する〈with ～と〉，を分け合う

名 分け前，役割

▶ share a room with a friend
友人と部屋を共有する

0029

follow
[fá(:)loʊ]

に続く，についていく，(命令・規則など)に従う

following 形 (the ～)次の，以下の

▶ One misfortune followed another.
不幸が次々続いた。

0030

lead
[li:d]

つながる〈to ～に〉，を導く，(生活・人生)を送る

★ lead-led-led

▶ lead to a new idea 新しい考えにつながる

0031

attract
[ətrékt]

(注意・興味など)を引く，を魅惑する

attraction 名 人を引き付けるもの

attractive 形 魅力的な

▶ attract her attention 彼女の注意を引く

0032

encourage
[ɪnkə́:rɪdʒ]

を促す，を勇気づける〈⇔ discourage〉

encouragement 名 励ましとなるもの

▶ encourage him to study
彼に勉強するよう促す

0033

support
[səpɔ́:rt]

を支持[支援]する〈⇔ oppose〉，を扶養する

名 支持，扶養

supportive 形 支えとなる

▶ support one's opinion 意見を支持する

0034 ⚠ 発音

raise
[reɪz]

(子ども)を育てる[≒ bring up]，(資金など)を調達する

▶ I was born and raised in this town.
私はこの町で生まれ育った。

0035

hire
[háɪər]

を雇う〈⇔ fire, dismiss〉，を賃借りする

▶ hire a waiter ウェイターを雇う

動詞の不規則変化など補足情報は★の部分で紹介しているよ。　😊　17

0036	
charge [tʃɑːrdʒ]	(税金など)を課す⟨on ~に⟩,（金額）を請求する⟨for ~として⟩, を告発する⟨with ~で⟩ 图 料金, 告発 ▶ charge a tax on cars 車に課税する
0037	
care [keər]	気にかける⟨about ~について⟩ 图 心配, 注意, 世話 ▶ care about *one's* health 健康を気にかける
0038	
book [bʊk]	を予約する [= reserve] 图 本　booking 图 予約 ▶ book a table 　（レストランなどの）席を予約する
0039	
store [stɔːr]	を蓄える, を貯蔵する 图 店 ▶ store food for winter 　冬に備えて食料を蓄える
0040	
train [treɪn]	を訓練する 图 列車 training 图 訓練 ▶ train a dog 犬を訓練する
0041	
last [læst]	続く, 持続する (⇔ end) ★ last「この前の」は同音同綴の異義語 ▶ The war lasted (for) ten years. 　戦争は 10 年続いた。
0042	
park [pɑːrk]	を駐車する 图 公園 ▶ park a car 車を駐車する
0043	
run [rʌn]	を経営 [運営] する, 立候補する, 走る ★ run-ran-run ▶ run a restaurant レストランを経営する

単語編

でる度 **A**

Section 1 名詞

名詞

0044

pay
[peɪ]

給料，賃金
動 を支払う〈to ~に〉　payment 图 支払い
► **get better pay than now**
今より良い給料をもらう

0045

brain
[breɪn]

頭脳，脳
► **have good brains** 頭が良い

0046

customer
[kʌ́stəmər]

顧客
► **a regular customer** 固定客

0047

order
[ɔ́:rdər]

順番，秩序，注文
動 を注文する，を命じる
► **in alphabetical order** アルファベット順に

0048 ⚠ アクセント

research
[rí:sə:rtʃ]

調査，研究
動 [rɪsə́:rtʃ] (を)研究 [調査] する〈into, on ~を〉
► **market research** 市場調査

0049 ⚠ 発音

environment
[ɪnváɪərənmənt]

環境
environmental 形 環境の
► **natural environment** 自然環境

0050 ⚠ 発音

result
[rɪzʌ́lt]

結果
動 結果として生じる〈from ~の〉，結果になる〈in ~という〉
► **the final result** 最終結果

0051

amount
[əmáunt]

量，金額，総計
動 総計~になる〈to ~〉
► **a large amount of waste** 大量の廃棄物

0052			

situation
[sìtʃuéɪʃən]

状況，立場
▶ in the present situation 現況では

0053			⚠ 発音

garbage
[gáːrbɪdʒ]

ゴミ，生ゴミ
▶ take the garbage out ゴミを出す

0054			

device
[dɪváɪs]

装置，工夫
devise 動 を工夫する
▶ a measuring device 計測装置

0055			

exercise
[éksərsàɪz]

運動，練習
動 運動する，練習する
▶ get regular exercise 定期的に運動する

0056			

skill
[skɪl]

技能，能力，熟練
skilled 形 熟練した　skillful 形 熟練した
▶ develop communication skills
　コミュニケーション能力を磨く

0057			

metal
[méţəl]

金属
▶ recycle plastic and metal
　プラスチックや金属を再生利用する

0058			⚠ アクセント

electricity
[ɪlèktrísəţi]

電気，電力
electric 形 電気の
▶ save electricity 節電する

0059			

traffic
[trǽfɪk]

交通（量）
▶ heavy traffic 激しい交通量

0060			

stress
[stres]

（心身への）ストレス，圧迫感
動 に緊張を与える
stressful 形 ストレスの多い
▶ reduce stress ストレスを軽減する

0061	⚠ アクセント	従業員 (⇔ employer)
employee [ɪmplɔ́ɪ]		employ 動 を雇う employment 名 雇用 ▶ a public employee 公務員

0062		教育
education [èdʒəkéɪʃən]		educate 動 を教育する ▶ receive a better education 　より良い教育を受ける

0063	⚠ 発音	発表, プレゼンテーション, 贈呈, 提出
presentation [prèzəntéɪʃən]		present 動 を発表する, を贈る 名 贈り物 ▶ make [give] a presentation 　プレゼンテーションを行う

0064		デザイン, 設計 (図), 計画
design [dɪzáɪn]		動 を設計する, をデザインする ▶ interior design インテリアデザイン

0065	⚠ 発音	経験
experience [ɪkspíəriəns]		動 を経験する ▶ have a good experience 良い経験をする

0066	⚠ 発音	専門家, 熟練者 (⇔ amateur)
expert [ékspəːrt]		形 [ékspəːrt, ɪkspɔ́ːrt] 熟練した ▶ a legal expert 法律の専門家

0067		事実 (⇔ fiction)
fact [fækt]		▶ check the facts 事実を確認する

0068		スタッフ, 職員
staff [stæf]		▶ a staff member スタッフの一員

0069		燃料
fuel [fjúːəl]		動 に燃料を補給する ▶ run out of fuel 燃料を使い果たす

0070	⚠ 発音	見学，（周遊）旅行，巡業
tour [tʊər]		► a guided factory tour ガイド付きの工場見学

0071		好み（⇔ dislike），味，味覚
taste [teɪst]		動 の味がする，（を）味わう　　tasty 形 おいしい ► a question of personal taste 個人の好みの問題

0072		利益，恩恵
benefit [bénɪfɪt]		動 利益を得る〈from ～から〉，のためになる beneficial 形 有益な ► economic benefits 経済的利益

0073		実践（⇔ theory），習慣，練習
practice [prǽktɪs]		動 （を）練習する，（を）実践する practical 形 実践的な ► come into practice 実行に移される

0074		活動
activity [æktívəti]		active 形 活動的な ► club activities クラブ活動

0075		話題，教科
subject [sʌ́bdʒekt]		► change the subject 話題を変える

0076		教授
professor [prəfésər]		► a professor at a university 大学教授

0077		記憶（力），思い出
memory [méməri]		memorial 名 記念物　形 記念の ► have a good memory 記憶力が良い

0078		影響，効果，結果
effect [ɪfékt]		effective 形 効果的な ► have an effect on society 社会に影響を及ぼす

425 850 1275 1700

単語編

でる度
A

Section 1 名詞

0079	⚠ 発音

patient
[péiʃənt]

患者
形 忍耐強い，根気のある
► patients with skin problems
　皮膚に問題のある患者

0080	⚠ アクセント

project
[prá(:)dʒekt]

（組織的）計画，事業，学習課題
動 [prədʒékt] を計画する
► a public works project 公共事業の計画

0081	

article
[á:rʈɪkl]

記事，条項，1品
► the article on the front page of the
　paper 新聞の一面記事

0082	

material
[mətíəriəl]

材料，資料
形 物質の，物質的な，肉体的な
materially 副 物質的に
► the finest materials 最高の材料

0083	

bill
[bɪl]

請求書(⇔ receipt)，法案，紙幣
動 に請求書を出す
► a phone bill 電話料金の請求書

0084	⚠ アクセント

technology
[tekná(:)lədʒi]

科学技術，テクノロジー
► advanced technology 進歩した科学技術

0085	⚠ アクセント

security
[sɪkjúərəti]

安全[≒ safety]，警備，安心(⇔ insecurity)
secure 形 安全な，確かな
► a security check
　（所持品などを確かめる）安全点検

0086	⚠ アクセント

discount
[dískaunt]

割引
動 を割引する
► get a 10% discount 10%の割引を得る

0087	⚠ アクセント

review
[rɪvjú:]

批評，（再）調査，復習
動 の批評を書く，を再検討する
► write a review of a book
　本の批評を書く

0088			
flight [flaɪt]	定期航空便，飛行 fly 動 飛ぶ，飛行機で行く ▶ take a flight from Tokyo to London 　東京発ロンドン行きの便に乗る
0089	
smartphone [smá:rtfòun]	スマートフォン ▶ turn off *one's* smartphone 　スマートフォンの電源を切る
0090 ⚠ 発音	
supplement [sʌ́plɪmənt]	サプリメント，栄養補助剤 ▶ take supplements サプリメントを摂取する

形容詞

0091 ⚠ 発音	
chemical [kémɪkəl]	化学の 图 化学製品 [薬品] chemistry 图 化学 ▶ a chemical reaction 化学反応
0092 ⚠ 発音	
ancient [éɪnʃənt]	古代の 图 古代人 ▶ people in ancient Europe 　古代ヨーロッパの人々
0093	
common [ká(:)mən]	共通の，普通の commonly 副 一般に ▶ a common language 共通語
0094	
likely [láɪkli]	～しそうで，ありそうな (⇔ unlikely) likelihood 图 ありそうなこと，可能性 ▶ It is likely to rain. 雨が降りそうだ。

副詞

0095	
recently [rí:səntli]	最近 ★通例完了形，過去時制とともに用いられる ▶ Recently, I started jogging. 私は最近ジョギングを始めた。

0096	
probably [prá(:)bəbli]	たぶん，きっと probable 形 ありそうな，（きっと）起こりそうな ▶ That's probably true. それはたぶん本当だ。

0097	
actually [ǽktʃuəli]	実は，実際には actual 形 実際の ▶ He is actually a good cook. 彼は実は料理が手だ。

接続詞

0098 ⚠発音	
though [ðou]	…だけれども [≒ although]，もっとも… ではあるが ▶ Though I was tired, I got up early. 私は疲れていたが，早起きした。

0099	
while [hwaɪl]	…している間に，…の一方で，…では あるものの ▶ while you were sleeping あなたが寝ていた間に

0100	
whether [hwéðər]	…かどうか [≒ if]，（しばしば whether ... or not で）…であろうとなかろうと ▶ whether he can come 彼が来られるかどうか

動詞

0101		
form [fɔ:rm]	を組織する，を形作る 图 形，型，(記入するための) 用紙 ▶ form a rock band ロックバンドを結成する

0102		
cancel [kǽnsəl]	を取り消す cancellation 图 取り消し ▶ cancel an order 注文を取り消す

0103		
relax [rɪlǽks]	くつろぐ，緩む，をくつろがせる relaxation 图 くつろぎ，緩和 ▶ relax over a cup of coffee コーヒーを1杯飲みながらくつろぐ

0104		
add [æd]	を加える 〈to ~に〉 addition 图 追加 ▶ add some sugar to the tea 紅茶に砂糖を加える

0105 ⚠ アクセント		
contact [ká(:)ntækt]	と連絡を取る，と接触する 图 連絡，接触 ▶ contact the police 警察に連絡する

0106 ⚠ 発音		
purchase [pə́:rtʃəs]	(高価な物・大量の物) を購入する 图 購入，買ったもの ▶ purchase a house 家を購入する

0107		
expect [ɪkspékt]	を予期する，を期待する expectation 图 予想，期待 ▶ as expected 予想した通りに

0108 ⚠ アクセント		
continue [kəntínju(:)]	を続ける 〈to *do*, *doing* ~すること〉，続く (⇔ stop) continual 形 頻繁な continuous 形 絶え間ない ▶ continue to increase 増え続ける

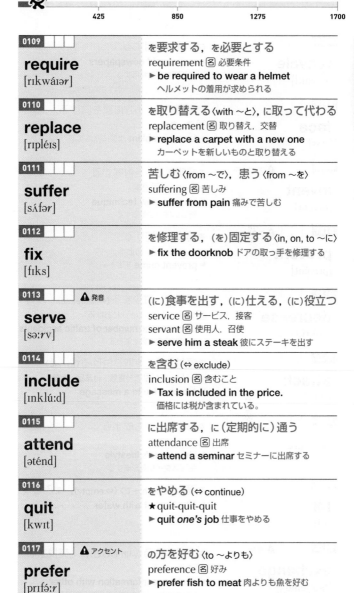

単語編

でる度 A

Section 2 動詞

0109		

require
[rɪkwáɪər]

を要求する，を必要とする
requirement 图 必要条件
► **be required to wear a helmet**
　ヘルメットの着用が求められる

0110		

replace
[rɪpléɪs]

を取り替える〈with ~と〉，に取って代わる
replacement 图 取り替え，交替
► **replace a carpet with a new one**
　カーペットを新しいものと取り替える

0111		

suffer
[sʌ́fər]

苦しむ〈from ~で〉，患う〈from ~を〉
suffering 图 苦しみ
► **suffer from pain** 痛みで苦しむ

0112		

fix
[fɪks]

を修理する，(を)固定する〈in, on, to ~に〉
► **fix the doorknob** ドアの取っ手を修理する

0113		⚠ 発音

serve
[səːrv]

(に)食事を出す，(に)仕える，(に)役立つ
service 图 サービス，接客
servant 图 使用人，召使
► **serve him a steak** 彼にステーキを出す

0114		

include
[ɪnklúːd]

を含む (⇔ exclude)
inclusion 图 含むこと
► **Tax is included in the price.**
　価格には税が含まれている。

0115		

attend
[əténd]

に出席する，に(定期的に)通う
attendance 图 出席
► **attend a seminar** セミナーに出席する

0116		

quit
[kwɪt]

をやめる (⇔ continue)
★ quit-quit-quit
► **quit *one's* job** 仕事をやめる

0117		⚠ アクセント

prefer
[prɪfə́ːr]

の方を好む〈to ~よりも〉
preference 图 好み
► **prefer fish to meat** 肉よりも魚を好む

0118	
recycle [rì:sáɪkl]	(を)再生利用する ► recycle old newspapers 　古新聞を再生利用する
0119	
face [feɪs]	に直面する，の方に顔を向ける 图 顔，表情 ► face a problem 問題に直面する
0120　　　⚠ アクセント	
invent [ɪnvént]	を発明する，を考案する invention 图 発明 ► invent a new technique 　新しい技術を考案する
0121　　　⚠ アクセント	
prevent [prɪvént]	を防ぐ，を妨げる prevention 图 防止 ► prevent crime 犯罪を防ぐ
0122	
decrease [dì:krí:s]	を減らす，減少する (⇔ increase) 图 [dí:kri:s] 減少〈in 〜における〉 ► decrease the number of traffic accidents 　交通事故の件数を減らす
0123	
attach [ətǽtʃ]	を添付する，を取り付ける〈to 〜に〉 attachment 图 添付書類，付属品，愛着 ► attach a file to a message 　メッセージにファイルを添付する
0124	
shape [ʃeɪp]	を形作る，を形成する 图 形，(健康)状態 ► shape *one's* lifestyle 　生活スタイルを形成する
0125	
fill [fɪl]	を満たす〈with 〜で〉(⇔ empty)，をふさぐ ► fill a bucket with water 水でバケツを満たす
0126　　　⚠ 発音	
exchange [ɪkstʃéɪndʒ]	を交換し合う〈with (人)と〉，を交換する 图 交換，交流 ► exchange information with other 　students ほかの生徒と情報を交換し合う

0127	に気づく，を悟る，を実現する
realize [ríːəlàɪz]	realization 图 認識，実現 ▶ realize that it is raining 雨が降っていることに気づく

0128	を下げる，を低くする
lower [lóʊər]	形 低い方の，下位の ▶ lower the price 値段を下げる

0129 　▲発音	だと思う，を推測する
guess [ges]	▶ guess that he is not coming 彼は来ないと思う

0130	を得る (⇔ lose)，を増す
gain [geɪn]	图 利益，増加 ▶ gain work experience 労働経験を得る

0131 　▲発音	に似合う，に都合が良い
suit [suːt]	图 訴訟，スーツ　　suitable 形 適した ▶ a hat that suits her well 彼女によく似合う帽子

0132	着陸する，上陸する，を着陸[上陸]させる
land [lænd]	图 陸，土地 ▶ land at the airport 空港に着陸する

0133	(award A Bで) AにB (賞など) を与える
award [əwɔ́ːrd]	图 賞 ▶ be awarded first prize 1等賞が与えられる

名詞

0134	陳述，声明
statement [stéɪtmənt]	state 動 をはっきり述べる ▶ make a statement 陳述する，声明を出す

| 0135 □□□ ⚠ アクセント | 虫, 昆虫 |
| **insect** [ínsekt] | ▶ a harmful insect 害虫 |

| 0136 □□□ | 部門, (大学の)学部, 学科 |
| **department** [dɪpáːrtmənt] | ▶ the sales department 営業 [販売] 部 |

| 0137 □□□ ⚠ アクセント | 会員資格 |
| **membership** [mémbərʃìp] | ▶ membership of the golf club ゴルフクラブの会員資格 |

| 0138 □□□ | 脂肪 |
| **fat** [fæt] | 形 太った ▶ cut down on fat 脂肪の摂取を減らす |

| 0139 □□□ | 文 |
| **sentence** [séntəns] | ▶ write a simple sentence 簡単な文を書く |

| 0140 □□□ | 地域社会, 共同体, コミュニティ |
| **community** [kəmjúːnəti] | ▶ in the local community 地元の地域社会で |

| 0141 □□□ ⚠ アクセント | 機器, 装置, 楽器 |
| **instrument** [ínstrəmənt] | instrumental 形 助けとなる, 器械の, 楽器の ▶ a medical instrument 医療機器 |

| 0142 □□□ | 焦点 |
| **focus** [fóukəs] | 動 の焦点を合わせる 〈on ~に〉 ▶ be in [out of] focus 焦点が合って [外れて] いる |

| 0143 □□□ | 顧客, (弁護士などへの)依頼人 |
| **client** [kláɪənt] | ★一般に, clientは「サービス」を買う客, customerは「商品」を買う客 ▶ a meeting with clients 顧客との会議 |

0144	
bacteria [bæktíəriə]	細菌，バクテリア ★bacteriumの複数形 ▶ kill bacteria 細菌を死滅させる

0145	
retirement [rɪtáɪərmənt]	(定年による)退職，引退 retire 動 定年退職する ▶ life after retirement 退職後の生活

0146	
nature [néɪtʃər]	性質，自然 natural 形 自然の naturally 副 自然に ▶ human nature 人間性

0147	⚠ 発音
earth [ə:rθ]	(the earthもしくは(the) Earthで)地球 ▶ protect the earth 地球を守る

0148	
grocery [gróusəri]	食料雑貨店，(~ies)食料雑貨類 ▶ a grocery store 食料雑貨店

0149	
trash [træʃ]	ゴミ [≒ garbage] ▶ pick up trash ゴミを拾う

0150	
method [méθəd]	(研究・調査などの)方法，秩序 ▶ an effective method 効果的な方法

0151	
site [saɪt]	場所，用地，ウェブサイト ▶ visit famous sites in town 　町の名所を訪れる

0152	
tablet [tǽblət]	タブレット ▶ a tablet computer 　タブレットコンピューター

0149 trash は一般的なゴミを指すことが多く，
0053 garbage は生ゴミを指すことが多いよ。

0153 **organization** [ɔ̀:rgənəzéɪʃən]	組織，団体 organize 動 を計画 [準備] する，を組織する ► **form an organization** 団体を創設する
0154 **treatment** [trí:tmənt]	治療，扱い treat 動 を扱う ► **receive treatment** 治療を受ける
0155 **farming** [fá:rmɪŋ]	農業 [≒ agriculture] ► **technologies in farming** 農業における科学技術
0156 **case** [keɪs]	場合，事例 ► **in most cases** たいていの場合
0157 **announcement** [ənáunsmənt]	アナウンス，発表，告知 announce 動 を公表する ► **an announcement in English** 英語のアナウンス
0158 ⚠ 発音 **author** [ɔ́:θər]	著者，作家 ► **an author of a popular novel** 人気小説の著者
0159 ⚠ アクセント **biology** [baɪá(:)lədʒi]	生物学 biologist 名 生物学者 ► **a professor of biology** 生物学の教授
0160 **advertisement** [ædvərtáɪzmənt]	広告，宣伝 advertise 動 を宣伝 [広告] する ► **an advertisement for the soccer club** サッカークラブの広告
0161 **account** [əkáunt]	口座，説明，勘定 ► **a bank account** 銀行口座

単語編

でる度 **A**

Section 2 名詞

0162	データ
data [déɪtə]	★datumの複数形 ▶ collect the data データを集める

0163	解決（策），解答
solution [səlú:ʃən]	solve 動 を解く ▶ find a solution to the problem 問題の解決策を見つける

0164	害(⇔ good)，悪意
harm [hɑːrm]	harmful 形 有害な ▶ cause serious harm 重大な損害を与える

0165	競技（会），コンクール，競争
competition [kà(:)mpətíʃən]	compete 動 競争する competitive 形 競争力のある ▶ enter a competition 競技会に出場する

0166 ⚠アクセント	産業，勤勉
industry [índəstri]	industrial 形 産業の industrious 形 勤勉な ▶ heavy industry 重工業

0167 ⚠アクセント	参加者
participant [pərtísɪpənt]	participate 動 参加する ▶ participants in a marathon race マラソンの参加者たち

0168	慈善（事業）
charity [tʃǽrəti]	▶ raise money for a charity 慈善事業のために金を集める

0169	薬，医学
medicine [médsən]	medical 形 医学の ▶ take medicine 薬を服用する

0170	意見
opinion [əpínjən]	▶ public opinion 世論

0160 advertisement は ad と短縮語で表されることもあるよ。

0171		
payment [péɪmənt]	支払い pay 動 を支払う〈to ～に〉 ► make a payment 支払いをする

0172		
population [pà(ː)pjuléɪʃən]	人口，（動物の）総数 ► a small [large] population 少ない [多い] 人口

0173	⚠ アクセント
access [ǽkses]	入手方法，接近方法，アクセス ► have access to clean water きれいな水が手に入る

0174		
generation [dʒènəréɪʃən]	(同)世代，年齢層，1世代（約30年間） generate 動 を生み出す ► a gap between generations 世代間のギャップ

0175		
resident [rézɪdənt]	居住者（⇔ nonresident） 形 在住の residence 名 住宅，居住 ► Japanese residents in Britain 在英日本人

0176	⚠ 発音
quality [kwá(ː)ləti]	質（⇔ quantity），良質，特性 形 良質の ► the quality of life 生活の質

0177		
distance [dístəns]	距離，遠方 distant 形 遠い ► the distance from here to the store ここから店までの距離

0178	⚠ 発音・アクセント
variety [vəráɪəti]	種類，多様性〈of ～の〉 various 形 さまざまな ► increase the variety of products 製品の種類を増やす

0179	⚠ 発音・アクセント
career [kəríər]	職業，経歴 ► a medical career 医療の職

0180 ⚠ 発音 **item** [áɪṭəm]	品目，項目，〜個 ▶ items on the product list 　製品リストの品目
0181 **view** [vju:]	見解，見方，視野，眺め 動 を見る ▶ from a practical point of view 　実用的な観点から

形容詞

0182 ⚠ アクセント **present** [prézənt]	現在の，出席している (⇔ absent) 名 現在 presence 名 存在，出席 ▶ one's present job 今の仕事
0183 ⚠ 発音・アクセント **recent** [rí:sənt]	最近の ▶ in recent years 近年
0184 ⚠ 発音 **available** [əvéɪləbl]	手に入る，利用できる，手が空いている availability 名 利用できること ▶ be available online オンラインで手に入る
0185 ⚠ 発音 **extra** [ékstrə]	余分の，追加の ▶ pay extra money 追加料金を支払う
0186 **successful** [səksésfəl]	成功した (⇔ unsuccessful) success 名 成功　successfully 副 うまく ▶ The event was highly successful. 　そのイベントは見事に成功を収めた。
0187 ⚠ アクセント **nearby** [nìərbáɪ]	すぐ近くの 副 すぐ近くに [で] ▶ a nearby bookstore 近くの書店

0188	
certain [sə́:rtən]	一定の，確信して (⇔ uncertain, unsure) certainly 副 確かに，きっと ▶ a certain number of hours 一定の時間

0189	
similar [símələr]	類似した〈to ~に〉(⇔ different) similarity 名 類似 ▶ a sweater similar to mine 私のとよく似たセーター

0190　⚠ 発音・アクセント	
various [véəriəs]	さまざまな [≒ different] (⇔ similar) vary 動 変わる，異なる，を変える variety 名 種類，多様性 ▶ for various reasons さまざまな理由で

0191	
effective [ɪféktɪv]	効果的な，有効な ▶ an effective way 効果的な方法

0192	
huge [hju:dʒ]	ばく大な，巨大な (⇔ tiny) ▶ a huge profit ばく大な利益

0193	
serious [síəriəs]	深刻な，まじめな，重大な (⇔ unimportant) seriously 副 深刻に，まじめに，重大に ▶ a serious illness 深刻な病気

0194	
social [sóuʃəl]	社会の，社会的な society 名 社会 ▶ a social problem 社会問題

副詞

0195	
nowadays [náuədèɪz]	近ごろは，今日<ruby>こんにち</ruby>では [≒ today] ▶ Nowadays, many people read the news online. 近ごろは，多くの人がオンラインでニュースを読む。

0196	⚠ アクセント	どこかに [で／へ]

somewhere
[sámhwèər]

► leave *one's* wallet somewhere
どこかに財布を置き忘れる

0197	⚠ 発音・アクセント	その上 [≒ besides, furthermore]

moreover
[mɔːróuvər]

► This dress is beautiful. Moreover, it's not that expensive.
このドレスは美しい。その上，それほど高くない。

0198	⚠ アクセント	心から，誠実に

sincerely
[sɪnsíərli]

sincerity 图 誠実　　sincere 形 心からの
★手紙やメールの結び文句としてよく使用される
► Sincerely (yours), 敬具

0199	⚠ アクセント	かなり，むしろ，多少

rather
[ræðər]

► be rather tired かなり疲れている

0200		本来（は），最初（は），もともと

originally
[ərídʒənəli]

origin 图 起源　　original 形 最初の，独創的な
► The meeting was originally scheduled for July. その会議は本来7月に予定されていた。

単語編

でる度
A

B

C

Section 2

副詞

動詞

0201	を避ける
avoid [əvɔ́ɪd]	avoidance 图 避けること，回避 ▶ avoid staring at people 人々をじろじろ見るのを避ける

0202	を含む
contain [kəntéɪn]	container 图 容器　content 图 中身 ▶ contain useful information 役に立つ情報を含む

0203 ⚠ 発音・アクセント	を管理[経営]する，を何とかやり遂げる〈to do ~すること〉
manage [mǽnɪdʒ]	management 图 管理，経営 ▶ manage one's garden 庭を管理する

0204 ⚠ アクセント	をみなす〈as ~と〉，をよく考える
consider [kənsídər]	considerate 形 思いやりのある ▶ be considered as harmful 有害だとみなされている

0205	を取り除く〈from ~から〉（⇔ insert）
remove [rɪmú:v]	removal 图 除去 ▶ remove bones from fish 魚から骨を取り除く

0206	を計画[準備]する，を組織する
organize [ɔ́:rɡənàɪz]	organization 图 組織，団体 ▶ organize a party パーティーを計画する

0207	を検査する，を調べる
examine [ɪɡzǽmɪn]	examination 图 試験，検査 ▶ examine the effects of a medicine 薬の効果を調べる

0208	を発表する，を出版する
publish [pʌ́blɪʃ]	publication 图 出版(物) publisher 图 出版社 ▶ publish a paper 論文を発表する

0209
affect
[əfékt]

に影響を及ぼす
★主に好ましくない変化に用いる
► affect the growth of the rice
　米の生育に（悪）影響を及ぼす

0210 ⚠ 発音
treat
[tri:t]

を扱う〈with ~の態度をもって，like ~のように〉，をみなす〈as ~と〉，を治療する
treatment 图 扱い，治療
► be treated with care 慎重に扱われる

0211 ⚠ 発音・アクセント
participate
[pɑːrtísipèit]

参加する〈in ~に〉[≒ take part]
participation 图 参加
► participate in the Olympics
　オリンピックに参加する

0212
appear
[əpíər]

のように見える，現れる (⇔ disappear)
appearance 图 出現，外観
► The story appears to be true.
　その話は本当のようだ。

0213
rent
[rent]

を賃借りする〈from ~から〉，を賃貸しする〈to ~に〉　图 賃貸料
► rent an apartment from one's uncle
　おじからアパートを借りている

0214
graduate
[grǽdʒuèit]

卒業する〈from ~を〉
图 [grǽdʒuət] 卒業生　　graduation 图 卒業
► graduate from the university
　大学を卒業する

0215 ⚠ アクセント
communicate
[kəmjúːnikèit]

意思疎通する〈with ~と〉，を伝える
communication 图 意思の疎通，コミュニケーション
► communicate with each other by
　e-mail Eメールでお互いに連絡を取り合う

0216
afford
[əfɔ́ːrd]

を持つ[する]余裕がある
affordable 形 入手可能な，安価な
► can't afford to buy a car
　車を買う余裕がない

0217
donate
[dóuneit]

を寄付する
donation 图 寄付（金），提供（物）
► donate ten dollars to a hospital
　病院に10ドルを寄付する

0218				

promise
[prá(:)məs]

(に)約束する〈to *do* ～することを〉
图 約束
▶ promise (you) to come home by six
6時までに帰宅すると約束する

0219				

remain
[rɪméɪn]

のままである、残っている
remainder 图 残り
▶ The problem remains unsolved.
その問題は未解決のままだ。

0220			⚠ アクセント

locate
[lóukeɪt]

(be located in [on] ～ で)に位置する
location 图 位置、場所
▶ be located in a quiet area
静かな地域に位置する

0221				

match
[mætʃ]

(と)調和する、に匹敵する
图 試合
▶ This jacket matches these pants.
この上着はこのズボンと合う。

0222				

kill
[kɪl]

(時間・計画)をつぶす、を殺す
▶ kill a few hours 2, 3時間つぶす

0223			⚠ 発音・アクセント

occur
[əkə́ːr]

思い浮かぶ〈to ～に〉、起こる
occurrence 图 出来事
▶ An idea occurred to me.
ある考えが私の心に思い浮かんだ。

0224				

employ
[ɪmplɔ́ɪ]

を雇う、を用いる
employment 图 雇用
employee 图 従業員
▶ employ experts 専門家を雇う

0225				

involve
[ɪnvá(:)lv]

を巻き込む〈in ～に〉、を含む
involvement 图 巻き込まれること、関与
▶ be involved in an accident
事故に巻き込まれる

0226				

perform
[pərfɔ́ːrm]

(を)演じる、(を)演奏する、を行う
performance 图 公演、実行
▶ perform in a huge hall
巨大なホールで演じる

0227 ⚠発音
spread
[spred]

広まる，を広げる
★ spread-spread-spread
图 流布，広大さ
▶ **The news is spreading.** ニュースは広まっている。

0228
depend
[dɪpénd]

当てにする〈on ~を〉，次第である〈on ~〉
dependent 形 頼っている
▶ **depend on** *one's* **parents' support**
両親の助けを当てにする

0229
argue
[áːrgjuː]

と主張する，（を）議論する〈with ~と〉
argument 图 論争，議論，主張
▶ **argue that taxes should be reduced**
減税すべきだと主張する

0230
accept
[əksépt]

に応じる，を受け取る（⇔ refuse, reject, decline）
acceptable 形 受け入れられる
▶ **accept his invitation** 彼の招待に応じる

0231
disappoint
[dìsəpóɪnt]

を失望させる，（受身形で）がっかりする〈to do ~して〉
disappointment 图 失望
▶ **Don't disappoint me.** 私を失望させないで。

0232
edit
[édɪt]

（原稿など）を編集する
editor 图 編集長，編集者
edition 图 （刊行物の）版
▶ **edit a long speech** 長いスピーチを編集する

0233
complete
[kəmplíːt]

を完成させる，を仕上げる
形 完成した，完全な，全くの
▶ **complete a project**
プロジェクトを完成させる

0234 ⚠発音
control
[kəntróul]

を抑制する，を支配する
图 抑制，支配
▶ **control** *one's* **emotions** 感情を抑制する

0235
rise
[raɪz]

上昇する（⇔ descend），増す（⇔ fall）
★ rise-rose-risen
图 上昇，増大
▶ **The sun rises in the east.** 太陽は東から昇る。

0236	
feed [fi:d]	に食べ物 [エサ] を与える ★ feed-fed-fed 图 エサ，（材料などの）供給装置 ▶ feed *one's* baby 赤ん坊に食事を与える

0237	
point [pɔint]	指し示す〈to ～の方を，at ～を〉，（物・武器など）を向ける〈at ～に〉 图 論点，目的，時点 ▶ point to the door ドアの方を指し示す

名詞

0238	
condition [kəndíʃən]	状態，状況，条件 conditional 形 条件付きの ▶ be in good condition 良い状態である

0239	
sense [sens]	感覚，思慮，分別，意味 動 に気づく sensitive 形 敏感な　　sensible 形 良識がある ▶ sense of sight 視覚

0240 ⚠発音	
decision [dɪsíʒən]	決定，決心 decide 動 を決定[決心]する，決定する〈on ～を〉 ▶ a government's decision 政府の決定

0241	
goods [gʊdz]	品物 ★ good という名詞の複数形ではないので注意 ▶ donate unused goods 　未使用の品を寄付する

0242	
cell [sel]	細胞，（独）房 ▶ brain cells 脳細胞

0243	
fee [fi:]	料金，（専門職への）報酬 ▶ the fee for translating the document 　書類を翻訳するための料金

42

0244	
head [hed]	責任者，頭 ► the head of the organization 組織の責任者

0245 ⚠ アクセント	
success [səksés]	成功 (⇔ failure) succeed 動 成功する successful 形 成功した ► have a great success 大成功を収める

0246	
opportunity [à(:)pərtjúːnəti]	機会 〈for ～の〉 [≒ chance] ► equal opportunity 機会均等

0247	
movement [múːvmənt]	(政治・社会的)運動，動き，動向 move 動 動く，を動かす ► a political movement 政治運動

0248	
clothing [klóuðɪŋ]	(集合的に)衣類 ★clothes よりもやや格式ばった語 ► warm clothing 暖かい衣類

0249 ⚠ アクセント	
instance [ínstəns]	例 ► give a few instances いくつかの例を挙げる

0250	
concern [kənsə́ːrn]	関心事，心配 動 に関与する，(受身形で)関心を持っている，心配している ► *one's* main concern 主な関心事

0251 ⚠ アクセント	
economy [ɪká(:)nəmi]	経済，節約 economic 形 経済の　economical 形 経済的な ► The economy is growing. 経済は成長を続けている。

0252	
guest [gest]	訪問客 (⇔ host)，(ホテル・レストランなどの)客 ► an unexpected guest 予期せぬ訪問客

0253		
rest [rest]	(the ~)残り，そのほかのもの ★ rest「休息」は同音同綴の異義語 ▶ the rest of *one's* life 余生

0254	⚠ アクセント
income [ínkʌm]	収入 ▶ within a fixed income 固定収入内で

0255		
transportation [trænspərtéɪʃən]	輸送 [交通] (機関) transport 動 を輸送する ▶ improve transportation in the city 市内の交通機関を改善する

0256		
communication [kəmjù:nɪkéɪʃən]	意思の疎通，コミュニケーション communicate 動 意思疎通する ▶ ways of communication コミュニケーション手段

0257	⚠ 発音
coast [koust]	海岸，沿岸 coastal 形 沿岸の ▶ drive along the coast 海岸沿いをドライブする

0258	⚠ 発音・アクセント
advantage [ədvǽntɪdʒ]	利点，有利な点 (⇔ disadvantage) advantageous 形 有利な ▶ the advantage of this method この方法の利点

0259	⚠ アクセント
effort [éfərt]	努力，取り組み ▶ make an effort 努力する

0260		
period [píəriəd]	期間，時代，終止符 ▶ a long period of time 長期間

0261		
license [láɪsəns]	免許証，(公的機関の) 許可 動 に免許を与える licensed 形 許可された ▶ a driver's license 運転免許証

0262

invention
[ɪnvénʃən]

発明
invent 動 を発明する　inventor 图 発明者
▶ the invention of the computer
コンピューターの発明

0263

laptop
[lǽptà(:)p]

ノートパソコン，ラップトップ型コンピューター
★ lap「膝の上」＋ top「上部」
▶ a portable laptop 携帯用ノートパソコン

0264

agency
[éɪdʒənsi]

代理店
agent 图 仲介者，代理人
▶ a travel agency 旅行代理店

0265

evidence
[évɪdəns]

証拠
evident 形 明らかな
▶ There is no clear evidence.
はっきりした証拠はない。

0266

neighborhood
[néɪbərhʊ̀d]

近所，（集合的に）近所の人々
neighbor 图 隣人
▶ in one's neighborhood 近所で

0267

appointment
[əpɔ́ɪntmənt]

（会う）約束，（病院などの）予約
★ホテル・レストランの予約は reservation
▶ have an appointment with one's client
顧客と会う約束がある

0268 ⚠ 発音

measure
[méʒər]

（しばしば ～s）措置，基準
動 を測る
▶ safety measures 安全措置

0269

temperature
[témpərətʃər]

温度，気温
▶ at room temperature 室温で

0270

salary
[sǽləri]

給料
▶ a high salary 高給

0271 ⚠ 発音	生き物
creature [krí:tʃər]	create 動 (を)つくり出す ▶ wild creatures 野生の生物

0272	(通例 ~s)(行き方などの)指示,方向
direction [dərékʃən]	direct 動 を指揮する,を向ける ▶ ask for directions to the hotel ホテルへの行き方を尋ねる

0273	犯罪
crime [kraɪm]	criminal 图 犯罪者,犯人 形 犯罪の ▶ recent crimes 最近の犯罪

0274	締切,期限
deadline [dédlàɪn]	▶ meet a deadline 締切に間に合う

0275	役割,役
role [roʊl]	▶ play a big role 大きな役割を果たす

0276 ⚠ 発音・アクセント	画像,印象
image [ímɪdʒ]	▶ a clear image 鮮明な画像

0277	社会
society [səsáɪəti]	social 形 社会の,社会的な ▶ in modern society 現代社会で

0278	(ある地域の平均的な)気候
climate [kláɪmət]	★weatherはある時点・ある地域の気象を表す ▶ a severe climate 厳しい気候

0279 ⚠ アクセント	調査,概観
survey [sə́:rveɪ]	動 [sərvéɪ] を調査する,を概観する ▶ carry out a survey 調査を行う

単語編

でる度
A

B

C

Section 3 形容詞

0280	実験
experiment [ɪkspérɪmənt]	動 実験をする　experimental 形 実験(用)の ▶ a well-planned experiment うまく計画された実験

0281　⚠ 発音・アクセント	(通例 ～s) ビタミン
vitamin [váɪṭəmɪn]	▶ a vegetable rich in vitamins ビタミンが豊富な野菜

形容詞

0282　⚠ アクセント	特定の [= unique] (⇔ general)，詳細な
particular [pərtíkjulər]	particularly 副 特に ▶ a particular kind of tea ある特定の種類の茶

0283	有害な (⇔ harmless)
harmful [há:rmfəl]	harm 名 害 ▶ a harmful effect 有害な影響

0284	都合のいい，便利な (⇔ inconvenient)
convenient [kənví:niənt]	convenience 名 便利，好都合 ▶ whenever it is convenient for you いつでもあなたの都合のいいときに

0285	公の，公共の，公衆の (⇔ private)
public [pʌ́blɪk]	名 (the ～) 公衆 ▶ make a public comment 公のコメントを出す

0286	医学の
medical [médɪkəl]	▶ medical treatment 医療

0287　⚠ アクセント	最初の [≒ first] (⇔ final)，独創的な
original [ərídʒənəl]	[≒ creative] ▶ the original owner 最初の所有者

0278 climate change「気候変動」という言葉も
環境問題に関連してよく使われるよ。

0288 ⚠ アクセント	経済の
economic [ìːkəná(ː)mɪk]	economical 形 経済的な economics 名 経済学 ▶ **economic growth** 経済成長

0289	心配して，神経質な
nervous [nə́ːrvəs]	nerve 名 神経 ▶ **get nervous about** *one's* **exam** 　試験について心配する

0290	空<small>から</small>の (⇔ full)
empty [émpti]	動 を空にする ▶ **an empty bottle** 空の瓶

0291	地球全体の，全体的な
global [glóubəl]	▶ **a global movement for human rights** 　人権のための地球全体の運動

0292 ⚠ アクセント	頻繁な (⇔ infrequent)
frequent [fríːkwənt]	frequency 名 頻度 (数) ▶ **frequent questions** 頻繁な質問

0293	驚くべき
surprising [sərpráɪzɪŋ]	surprise 動 を驚かせる　名 驚くべきこと surprisingly 副 驚いたことに ▶ **a surprising fact** 驚くべき事実

副詞

0294	定期的に
regularly [régjʊlərli]	regular 形 規則正しい，定期的な ▶ **exercise regularly** 定期的に運動する

0295	近ごろ，最近
lately [léɪtli]	▶ **It has not rained lately.** 　近ごろ雨が降っていない。

0296	
immediately [ɪmíːdiətli]	直ちに [≒ right away, at once]，直接に immediate 形 即座の，直接の ▶ leave immediately すぐに出発する

0297	
furthermore [fə́ːrðərmɔ̀ːr]	その上，さらに ▶ It was cold. Furthermore, it became very windy. 　寒かった。その上，とても風が強くなった。

0298	
unfortunately [ʌnfɔ́ːrtʃənətli]	不運にも (⇔ fortunately) unfortunate 形 不運な ▶ Unfortunately, she lost her passport. 　不運にも，彼女はパスポートをなくした。

0299	
downtown [dàʊntáʊn]	町の中心部へ [で]，ビジネス街へ [で] 名 町の中心部，ビジネス街 形 町の中心部の，ビジネス街の ▶ go downtown 町の中心部へ出かける

前置詞

0300	
despite [dɪspáɪt]	〜にもかかわらず ▶ despite a lack of experience 　経験がないにもかかわらず

Section 4

動詞

0301		
complain [kəmpléɪn]	不平を言う〈about, of ~について〉 complaint 图 不平, 苦情 ▶ **complain about everything** 　あらゆることに不平を言う	

0302 ⚠ 発音		
decorate [dékərèɪt]	を飾る〈with ~で〉 decoration 图 装飾(品) ▶ **decorate a cake with strawberries** 　イチゴでケーキを飾る	

0303 ⚠ 発音・アクセント		
preserve [prɪzə́ːrv]	を保存する preservation 图 保存 ▶ **preserve cultures** 文化を保存する	

0304		
inform [ɪnfɔ́ːrm]	に通知する〈about, of ~について〉 information 图 通知, 情報 ▶ **inform you about the change** 　変更についてあなたに知らせる	

0305		
discuss [dɪskʌ́s]	について議論する〈with ~と〉 discussion 图 議論 ▶ **discuss the matter with him** 　彼とその件について議論する	

0306 ⚠ アクセント		
upset [ʌpsét]	を動揺させる, をひっくり返す ★ upset-upset-upset 图 [ʌ́psèt] 混乱, 動転, 不調 ▶ **be upset about the news** 知らせに動揺する	

0307 ⚠ アクセント		
destroy [dɪstrɔ́ɪ]	を破壊する(⇔ construct), を台無しにする destruction 图 破壊 destructive 形 破壊的な ▶ **destroy a building** 建物を壊す	

0308 ⚠ アクセント		
promote [prəmóʊt]	を促進する, を昇進させる〈to ~に〉 (⇔ demote) promotion 图 昇級, 宣伝 ▶ **ways to promote health** 健康を促進する方法	

0309	▲アクセント

concentrate
[ká(:)nsəntrèɪt]

集中する〈on, upon ～に〉
concentration 图 集中
▶ concentrate on the book 本に集中する

| 0310 | ▲発音 |

estimate
[éstɪmèɪt]

を見積もる，を評価する
图 [éstɪmət] 見積もり，評価
▶ estimate the cost 費用を見積もる

| 0311 | |

suppose
[səpóʊz]

(be supposed to do で)～することになっている
▶ I was supposed to be home by ten. 私は10時までに家に帰ることになっていた（ができなかった）。

| 0312 | |

request
[rɪkwést]

に頼む〈to do ～するよう〉，を要請する
图 依頼，要望
▶ request hotel guests not to smoke
たばこを吸わないようホテルの宿泊客に頼む

| 0313 | ▲アクセント |

advertise
[ǽdvərtàɪz]

を宣伝[広告]する
advertisement 图 宣伝，広告
advertising 图 広告(業)
▶ advertise a festival 祭りを宣伝する

| 0314 | |

marry
[mǽri]

と結婚する [≒ get married to]
marriage 图 結婚
▶ She married him. 彼女は彼と結婚した。

| 0315 | ▲発音 |

separate
[sépərèɪt]

を離す〈from ～から〉(⇔ combine, connect)
形 [sépərət] 離れた　separation 图 分離
▶ separate religion from politics
宗教を政治から分離する

| 0316 | ▲発音 |

search
[sə:rtʃ]

(を)探す〈for ～を求めて〉
图 捜索，（コンピューターの）検索
▶ search one's pocket for some change
小銭がないかポケットの中を探す

| 0317 | |

click
[klɪk]

をクリックする
图 クリック
▶ click a button ボタンをクリックする

0318 ☐☐☐	を放つ，を解放する
release	图 釈放，発表
[rɪlíːs]	► release a fish back into the river
	魚を川に再び放す
0319 ☐☐☐	申し込む〈for (仕事など) を〉，to (人・組織) に〉，
apply	を応用 [適用] する〈to 〜に〉
[əpláɪ]	application 图 申し込み　applicant 图 志願者
	► apply to a college 大学に出願する
0320 ☐☐☐	を詰める〈in, into 〜に〉，(を) 荷造りする
pack	图 包み
[pæk]	► pack clothes into a suitcase
	スーツケースに衣服を詰める
0321 ☐☐☐	に適合する，を収める [≒ adjust]
fit	形 適した，ふさわしい
[fɪt]	► fit the windows 窓の寸法に合う
0322 ☐☐☐ ⚠ アクセント	を見分ける，を認める
recognize	recognition 图 承認，認識
[rékəgnàɪz]	► recognize the man as my old teacher
	その男性が私の昔の先生だとわかる
0323 ☐☐☐	を遅らせる，を延期する
delay	图 遅延，延期
[dɪléɪ]	► be delayed because of the heavy snow
	大雪のせいで遅延する
0324 ☐☐☐ ⚠ アクセント	を輸送する
transport	transportation 图 輸送 [交通] (機関)
[trænspɔ́ːrt]	► transport goods by ship
	船で品物を輸送する
0325 ☐☐☐	を尊敬する [≒ look up to] (⇔ look down
respect	on)，を尊重する
[rɪspékt]	图 尊敬，尊重
	► respect an artist 芸術家を尊敬する
0326 ☐☐☐ ⚠ アクセント	(を) 祝う
celebrate	celebration 图 祝賀 (会)
[séləbrèɪt]	► celebrate the New Year 新年を祝う

0327		
connect [kənékt]	をつなぐ〈to, with ～と〉(⇔ separate)、を関係させる ▶ connect a computer to a printer 　コンピューターをプリンターと接続する

0328		
gather [gǽðər]	を集める、集まる gathering 图 集まり ▶ gather information 情報を収集する

0329		
hand [hænd]	(物)を手渡す 图 手、手助け ▶ hand a report to the teacher 　先生にレポートを手渡す

0330		
compare [kəmpéər]	を比較する〈with, to ～と〉、を例える〈to, with ～に〉 comparison 图 比較 ▶ compare prices 値段を比較する

0331	⚠ 発音・アクセント	
appreciate [əprí:ʃièit]	を感謝する、を正しく評価する appreciation 图 評価、感謝 appreciative 形 感謝している ▶ appreciate his help 彼の助けに感謝する

0332		
stick [stík]	くっつく〈to ～に〉、をくっつける ★ stick-stuck-stuck　　sticker 图 ステッカー ▶ My wet shirt stuck to my skin. 　濡れたシャツが肌にくっついた。

0333		
adopt [ədá(:)pt]	を採用する、を養子にする adoption 图 採用、養子縁組 ▶ adopt a new approach 　新しい取り組み方を採用する

名詞

0334		
source [sɔːrs]	源、原因 ▶ a source of pollution 汚染源

0335		
trend [trend]	傾向，動向，流行 動 傾く〈toward ～に〉 ► explain economic trends 経済動向を説明する

0336		
reservation [rèzərvéɪʃən]	(座席・部屋などの) 予約 reserve 動 を予約する ► make a reservation at a restaurant レストランの予約をする

0337		
detail [díːteɪl]	(～s) 詳細，細部 動 を詳しく述べる ► provide details 詳細を示す

0338	⚠ 発音
clerk [kləːrk]	店員，係員 ► a shop clerk 店員

0339		
issue [íʃuː]	問題(点)，発行 動 (声明など)を出す，(書籍など)を発行する ► solve international issues 国際的な問題を解決する

0340	⚠ 発音
approach [əpróʊtʃ]	取り組み方，接近 動 に近づく，に接近する ► the best approach to the problem その問題への最善の取り組み方

0341	⚠ アクセント
majority [mədʒɔ́(ː)rəti]	大多数，大部分，多数派(⇔ minority) major 形 主要な ► the majority of Japanese people 日本人の大多数

0342		
location [loʊkéɪʃən]	場所，位置〈for, of ～の〉 locate 動 の所在を見つける ► a good location for surfing サーフィンに好適な場所

0343		
relationship [rɪléɪʃənʃɪp]	関係，間柄〈between ～の間の，with ～との〉 relation 名 関係 ► the relationship between culture and society 文化と社会との関係

0344
equipment
[ɪkwípmənt]

(集合的に)用具，設備
equip 動 に装備する〈with 〜を〉
▶ a piece of camping equipment
　キャンプ用具1点

0345
battery
[bǽtəri]

電池，バッテリー
▶ charge the battery 電池を充電する

0346
⚠ アクセント
object
[á(:)bdʒekt]

物，対象，目的
動 [əbdʒékt] 反対する〈to 〜に〉
objection 图 反対
▶ examine the object その物体を調べる

0347
software
[sɔ́(:)ftwèər]

ソフトウェア
▶ develop computer software
　コンピューターソフトウェアを開発する

0348
air conditioner
[éər kəndíʃənər]

冷暖房装置，エアコン
▶ turn off the air conditioner エアコンを消す

0349
engine
[éndʒɪn]

エンジン
▶ a car engine 車のエンジン

0350
officer
[á(:)fəsər]

警察官，巡査，公務員，将校
▶ a police officer 警察官

0351
conversation
[kà(:)nvərséɪʃən]

会話
▶ have a conversation with *one's* boss
　上司と会話をする

0352
blanket
[blǽŋkət]

毛布
▶ put a warm blanket on her
　彼女に暖かい毛布を掛ける

0353 **global warming** [glòubəl wɔ́ːrmɪŋ]	地球温暖化 ▶ prevent global warming 地球温暖化を防ぐ
0354 ⚠ 発音 **law** [lɔː]	法律，法 ▶ break [violate] the law 法律に違反する
0355 ⚠ 発音 **disease** [dɪzíːz]	病気 ▶ suffer from a skin disease 皮膚病を患っている
0356 ⚠ 発音・アクセント **knowledge** [ná(ː)lɪdʒ]	知識〈about, of 〜についての〉(⇔ ignorance) ▶ have knowledge about sea creatures 海の生物についての知識がある
0357 **discovery** [dɪskʌ́vəri]	発見 discover 動 を発見する ▶ make a scientific discovery 科学的な発見をする
0358 ⚠ アクセント **challenge** [tʃǽlɪndʒ]	難題 challenging 形 やりがいのある，難しい ▶ overcome a challenge 難題を乗り越える
0359 ⚠ 発音 **muscle** [mʌ́sl]	筋肉 ▶ muscles in *one's* arms 腕の筋肉
0360 **ingredient** [ɪngríːdiənt]	材料，成分，要素 ▶ ingredients of a cake ケーキの材料
0361 **agent** [éɪdʒənt]	仲介者，代理人 agency 名 代理店 ▶ a real-estate agent 不動産仲介人

単語編

でる度
A
B
C

Section 4 名詞

0362	⚠ 発音	恐れ，不安
fear [fɪər]		▶ overcome fear 恐れを克服する

0363		流行，ファッション，方法
fashion [fǽʃən]		fashionable 形 流行の ▶ this year's fashion 今年の流行

0364	⚠ アクセント	つり合い，バランス
balance [bǽləns]		動 (の)バランスをとる ▶ a balance between work and leisure 仕事と余暇の間のバランス

0365		教官，インストラクター
instructor [ɪnstrʌ́ktər]		instruct 動 に指示する instruction 名 (~s) 指示，使用説明書 ▶ one's favorite instructor お気に入りの教官

0366		発達，発展，開発
development [dɪvéləpmənt]		develop 動 を開発する，発達する ▶ with the development of technology 科学技術の発達で

0367	⚠ 発音・アクセント	(専門的)技術，技巧，手法
technique [tekníːk]		technical 形 技術的な ▶ learn the latest techniques 最新技術を身につける

0368		映画監督，指導者，重役
director [dəréktər]		▶ a movie director from Paris パリから来た映画監督

0369	⚠ 発音	展覧(会)，展示(会)
exhibition [èksɪbíʃən]		exhibit 名 展示品 動 を展示する ▶ hold an exhibition 展覧会を催す

0370	⚠ 発音	地域，地方
region [ríːdʒən]		regional 形 地方の，局地的な ▶ a coastal region 沿岸地域

0363 fashion は日本語の「ファッション」とは違う意味もあるんだね。

0371		
facility [fəsíləti]	施設，設備 ▶ public facilities 公共施設

0372		
aim [eɪm]	狙い，目標 動 の狙いを定める〈at ～に〉 ▶ the aim of the class その授業の狙い

0373 ⚠ 発音	
assignment [əsáɪnmənt]	課題，割り当て assign 動 を割り当てる ▶ complete an assignment 課題を仕上げる

0374	
trail [treɪl]	(山中の) 小道 ▶ follow a mountain trail 山道をたどる

0375 ⚠ 発音	
scene [si:n]	現場，風景，場面 scenic 形 景色の良い ▶ at the scene of the crime 犯行現場で

0376 ⚠ 発音	
pressure [préʃər]	圧力，重圧 動 (人) に圧力をかける〈into, to do ～するよう〉 ▶ tire pressure タイヤの空気圧

0377 ⚠ アクセント	
response [rɪspá(:)ns]	応答，反応 respond 動 答える，反応する〈to ～に〉 ▶ in response to his request 彼の要望に応えて

0378 ⚠ 発音	
vehicle [ví:əkl]	乗り物 ▶ a vehicle with extra large tires 特大のタイヤがついた乗り物

0379	
skin [skɪn]	肌，皮膚 ▶ protect one's skin from the sun 日ざしから肌を守る

0380	化石
fossil [fá(:)səl]	形 化石の（ような） ▶ hunt for fossils 化石を探す

形容詞

0381	電気の
electric [ıléktrık]	electricity 名 電気，電力 electronic 形 電子の ▶ electric appliances 電化製品

0382	現在の，流通している
current [kə́:rənt]	名 流れ，風潮 ▶ current social problems 現在の社会問題

0383	環境の
environmental [ınvàıərənméntəl]	environment 名 環境 ▶ an environmental issue 環境問題

0384	珍しい，まれな（⇔ common）
rare [reər]	rarely 副 めったに～ない ▶ find a rare bird 珍しい鳥を見つける

0385	能率的な
efficient [ıfíʃənt]	efficiency 名 能率　efficiently 副 能率的に ▶ an efficient way of studying 　能率的な勉強法

0386	個人の（⇔ public）
personal [pə́:rsənəl]	▶ personal reasons 個人的な理由

0387　▲ アクセント	確信して〈of ～を〉，自信のある
confident [ká(:)nfıdənt]	confidence 名 自信 ▶ be confident of winning 　勝利を確信している

0388	
past [pæst]	過去の 图 (the 〜) 過去 ▶ in the past few years 過去数年間で [に]

0389	
solar [sóulər]	太陽の ▶ the solar system 太陽系

0390　⚠ アクセント	
official [əfíʃəl]	公式の 图 公務員，職員 officially 圓 公式に ▶ an official meeting 公式の会議

0391	
valuable [vǽljuəbl]	高価な，有益な (⇔ useless) 图 (〜s) 貴重品 value 图 価値 ▶ valuable metals 高価な金属

0392　⚠ 発音	
casual [kǽʒuəl]	(衣服が) カジュアルな，略式の (⇔ formal) ▶ casual clothes カジュアルな服装，普段着

0393	
negative [négətɪv]	好ましくない，消極的な (⇔ positive)， 否定の (⇔ affirmative) negatively 圓 否定的に，消極的に ▶ a negative effect 好ましくない影響

0394　⚠ 発音	
major [méɪdʒər]	主要な，重大な (⇔ minor) 圓 (major in 〜 で) を専攻する ▶ a major problem 主要な問題

0395	
classic [klǽsɪk]	(文学・芸術などが) 最高水準の，典型 的な [≒ typical] classical 圏 古典的な ▶ a classic work 最高水準の作品

副詞

0396

especially
[ɪspéʃəli]

特に
▶ be made especially for you
特にあなたのために作られた

0397 ⚠ 発音

directly
[dəréktli]

直接に (⇔ indirectly)
direct 形 直接の，まっすぐな
▶ come directly from India
インドから直接来る

0398 ⚠ 発音

frequently
[frí:kwəntli]

頻繁に
frequent 形 頻繁な
▶ frequently drive along the coast
頻繁に海岸沿いをドライブする

0399

environmentally
[ɪnvàɪərənméntəli]

環境 (保護) の点で
environment 名 環境
environmental 形 環境の
▶ be environmentally friendly 環境に優しい

0400

eventually
[ɪvéntʃuəli]

結局 (は)，とうとう
eventual 形 結果として起こる
▶ Eventually, the team lost the game.
結局，チームは試合に負けてしまった。

動詞	

0401

consume
[kənsjúːm]

を消費する
consumption 图 消費
► **consume a lot of energy**
多くのエネルギーを消費する

0402

count
[kaʊnt]

(を)数える，重要である [≒ matter]
图 計算，勘定
► **count the change** お釣りを数える

0403

remind
[rımáınd]

に思い出させる〈of ~を〉
► **a book that reminds me of the past**
私に昔を思い出させる本

0404 ⚠ 発音

warn
[wɔːrn]

(に)警告する〈to do ~するように，about ~を〉
warning 图 警告
► **warn people not to go in the river**
その川に入らないよう人々に警告する

0405 ⚠ 発音・アクセント

rely
[rıláı]

頼る〈on, upon ~を〉
reliance 图 信頼
► **rely on one's friends** 友人を頼る

0406

respond
[rıspá(ː)nd]

答える，反応する〈to ~に〉
response 图 応答，反応
► **respond to the teacher's question**
先生の質問に答える

0407 ⚠ アクセント

refer
[rıfə́ːr]

参照する〈to ~を〉，言及する〈to ~に〉
reference 图 言及，参照，照会
► **refer to a dictionary** 辞書を参照する

0408 ⚠ 発音

behave
[bıhéıv]

振る舞う，行儀良くする
behavior 图 行動，態度
► **behave well** 行儀良く振る舞う

0409 scare [skeər]
をおびえさせる
名 恐怖　scared 形 おびえた
▶ be scared at the big noise
大きな音におびえる

0410 disturb [distə́:rb]
の邪魔をする, に迷惑をかける
disturbance 名 妨害
▶ disturb the conversation 会話の邪魔をする

0411 cover [kʌ́vər]
(話題など)を扱う [≒ deal with], を覆う
名 覆い, カバー
▶ cover various topics さまざまな話題を扱う

0412 reserve [rizə́:rv] ⚠発音
(座席・部屋など)を予約する [≒ book], を取っておく
reservation 名 予約
▶ reserve a table 席を予約する

0413 deliver [dilívər]
を配達する〈to ~に〉
delivery 名 配達
▶ deliver the goods to the head office
本社に商品を配達する

0414 trust [trʌst]
を信頼する (⇔ distrust)
名 信頼, 信用
▶ trust information 情報を信頼する

0415 upgrade [ʌ́pgrèid] ⚠アクセント
(の)質を高める, (を)アップグレードする
名 [ʌ́pgrèid] アップグレード
▶ upgrade to the latest version
最新版にアップグレードする

0416 roll [roul]
を巻く, を転がす, 転がる, 回る
名 巻いたもの
▶ roll up a carpet カーペットを巻く

0417 surf [sə:rf]
(ウェブサイトなど)を見て回る, サーフィンをする
surfing 名 サーフィン, ネットサーフィン
▶ surf the Internet ネットサーフィンをする

0418	鼓動する, 打つ, を打ち負かす
beat [bi:t]	★beat-beat-beaten 图 鼓動, 拍子 ▶ **My heart beats fast.** 心臓が速く鼓動する。

0419	(卵)を産む, を置く, を横たえる
lay [leɪ]	★lay-laid-laid ▶ **lay eggs in a nest** 巣で卵を産む

0420 　　▲ アクセント	(を)登録する
register [rédʒɪstər]	registration 图 登録 registered 形 登録された ▶ **register a company name** 会社名を登録する

0421	(を)拡大 [拡張] する, を膨張させる
expand [ɪkspǽnd]	expansion 图 拡大, 膨張 ▶ **expand a sports center** スポーツセンターを拡張する

0422	(患者・病気)を治す, (問題など)を解決する
cure [kjʊər]	图 治癒, 治療法 ▶ **cure a disease** 病気を治す

0423	急いで行く, を急がせる
rush [rʌʃ]	图 急ぐこと, 混雑時 ▶ **rush home from work** 仕事から大急ぎで帰宅する

0424	をスキャンする, を注意深く調べる, をざっと見る
scan [skæn]	图 スキャン, 精密検査 ▶ **scan the brain** 脳をスキャンする

名詞

0425	昇級, 宣伝
promotion [prəmóuʃən]	promote 動 を促進する, を昇進させる ▶ **get a promotion** 昇進する

0426	
improvement [ɪmprúːvmənt]	改善，進歩，向上 improve 動 を進歩[向上]させる，良くなる ▶ **make improvements to a house** 　家を改修する

0427	
degree [dɪgríː]	学位，程度，（温度や角度などの）度 ▶ **a bachelor's degree in economics** 　経済学の学士号

0428	
instruction [ɪnstrʌ́kʃən]	(〜s) 指示，使用説明書 instruct 動 に指示する ▶ **follow instructions** 指示に従う

0429	
countryside [kʌ́ntrisàɪd]	田舎 ▶ **live in the countryside** 田舎に住む

0430	
brand [brænd]	ブランド，銘柄 ▶ **a store brand** 自社ブランド

0431	
privacy [práɪvəsi]	プライバシー，私生活 ▶ **the protection of privacy** 　プライバシー保護

0432	
healthcare [hélθkèər]	医療，健康管理 ▶ **healthcare workers** 医療従事者

0433	
term [təːrm]	期間，学期，専門用語 ▶ **a term of the contract** 契約期間

0434	
clinic [klínɪk]	診療所，クリニック clinical 形 臨床の ▶ **a dental clinic** 歯科診療所

0435	安全(性)
safety	safe 形 安全な
[séɪfti]	safely 副 安全に
	► worry about *one's* safety 安全性を心配する

0436 ⚠発音	血，血液
blood	bleed 動 出血する
[blʌd]	► high blood pressure 高血圧

0437	観光事業，観光旅行
tourism	tour 名 見学，(周遊)旅行
[túərìzm]	tourist 名 観光客
	► promote tourism 観光事業を促進する

0438	建設(工事)(⇔ destruction)，建造物
construction	construct 動 を建設する
[kənstrʌ́kʃən]	► under construction 建設中で

0439	寺院，神殿
temple	► build a temple 寺院を建てる
[témpl]	

0440	需要〈for ～の〉(⇔ supply)，要求
demand	動 を強く要求する〈from, of ～に〉
[dɪmǽnd]	► the demand for teachers 教師の需要

0441	作物，収穫高
crop	動 を短く刈る，を収穫する
[krɑ(:)p]	► grow crops in a vast field
	広大な畑で作物を育てる

0442 ⚠発音	(社会的・政治的・商業的な)組織的活
campaign	動[運動]，キャンペーン
[kæmpéɪn]	動 (選挙などの)運動をする
	► a sales campaign 販売促進運動

0443	(公式の)会議，総会
conference	► an international conference 国際会議
[ká(:)nfərəns]	

0444		

poison
[pɔ́ɪzən]

毒
poisonous 形 有毒な
► use a strong poison 強力な毒を使う

0445		

chemistry
[kémɪstri]

化学
► study chemistry at college
　大学で化学を勉強する

0446		

delivery
[dɪlívəri]

配達
deliver 動 を配達する
► offer free delivery 無料配達を提供する

0447		

slum
[slʌm]

(~s) スラム街
► urban slums 都会のスラム街

0448		

panel
[pǽnəl]

パネル，羽目板
► solar panels ソーラーパネル，太陽電池板

0449		

flavor
[fléɪvər]

香味料，風味
動 (食べ物など)に味を添える
► artificial flavors 人工香味料

0450			⚠ 発音・アクセント

surface
[sə́ːrfəs]

表面，(the ~)外見
動 表面化する，現れる
形 表面の，外見だけの
► the surface of the sea 海面

0451		

death
[deθ]

死 (⇔ life, birth)
die 動 死ぬ
dead 形 死んだ
► after death 死後

0452		

carbon dioxide
[kὰːrbən daɪá(ː)ksaɪd]

二酸化炭素
► release carbon dioxide
　二酸化炭素を放出する

0452 carbon「炭素」と dioxide「二酸化物」からなる複合名詞だよ。

0453		
bone [boʊn]	骨 ▶ broken bones 折れた骨

0454 ⚠ 発音・アクセント	
average [ǽvərɪdʒ]	平均 動 を平均する 形 平均の ▶ the national average 全国平均

0455	
gallery [gǽləri]	美術館, 画廊 ▶ an art gallery 美術館

0456	
credit card [krédət kàːrd]	クレジットカード ★creditは「信用, 名声」を意味する名詞 ▶ pay by credit card クレジットカードで支払う

0457	
board [bɔːrd]	委員会, 板 動 (列車・飛行機など)に乗り込む ▶ the board of education 教育委員会

0458	
valley [vǽli]	谷, 流域 ▶ a deep valley 深い谷

0459	
decade [dékeɪd]	10年間 ▶ the two decades from 2000 to 2020 2000年から2020年までの20年間

0460	
recommendation [rèkəmendéɪʃən]	推薦, 推薦状 recommend 動 を推薦する ▶ write a letter of recommendation 推薦状を書く

0461 ⚠ 発音	
organ [ɔ́ːrgən]	臓器, 器官 ▶ an artificial organ 人工臓器

0462 **policy** [pá(:)ləsi]	政策，方針 ▶ a foreign policy 外交政策
0463 **sample** [sǽmpl]	見本，サンプル，試供品 ▶ try a free sample 無料の試供品を試す
0464 **custom** [kʌ́stəm]	慣習，習慣 ▶ a traditional custom 伝統的な慣習
0465 ⚠ アクセント **contract** [ká(:)ntrækt]	契約（書），協定 動 [kəntrǽkt]（協定など）を結ぶ〈with ～と〉 ▶ sign a contract 契約書にサインする
0466 **standard** [stǽndərd]	（しばしば ～s）基準，標準，規範 形 標準の ▶ safety standards 安全基準
0467 ⚠ 発音・アクセント **relative** [réləṭɪv]	親類，身内 形 相対的な，比較上の relatively 副 比較的 ▶ visit one's relatives 親類を訪問する

形容詞

| 0468 **active** [ǽktɪv] | 活動的な
activity 名 活動
actively 副 活動的に
▶ lead an active life 活動的な生活を送る |
| 0469 **stressful** [strésfəl] | ストレスの多い
stress 名 ストレス，圧迫感
▶ a stressful job ストレスの多い仕事 |

単語編 でる度 A Section 5 形容詞

69

0470	
positive [pá(:)zə̧ɪv]	肯定的な，積極的な (⇔ negative)，確信のある positively 副 積極的に ▶ positive feedback 肯定的な反応

0471	
aware [əwéər]	知って，気づいて (⇔ ignorant) awareness 名 自覚，認識 ▶ be aware of the dangers of smoking 喫煙の危険性を知っている

0472	
either [í:ðər]	どちらでも，（2つのうち）どちらかの 副 (否定文で) 〜もない 代 どちらか，どちらでも ▶ in either case どちらの場合にも

0473	
regular [régjulər]	規則正しい (⇔ irregular)，定期的な regularly 副 定期的に ▶ at regular intervals 規則正しい間隔で

0474	⚠ 発音・アクセント
private [práɪvət]	個人の (⇔ public)，民間の ▶ a private lesson 個人授業，プライベートレッスン

0475	⚠ 発音
worth [wə:rθ]	値する，価値がある (⇔ worthless) 名 価値　worthy 形 値して〈of 〜に〉 ▶ This book is worth reading. この本は読むに値する。

0476	
flexible [fléksəbl]	融通の利く，柔軟な (⇔ inflexible) flexibility 名 柔軟性 flexibly 副 柔軟に ▶ work flexible hours フレックス制で働く

0477	⚠ アクセント
individual [ìndɪvídʒuəl]	個々の (⇔ collective)，個人的な 名 個人 ▶ an individual case 個々の事例

0478	⚠ アクセント
electronic [ɪlèktrá(:)nɪk]	電子の ▶ an electronic device 電子機器

0479	
violent [váɪələnt]	暴力的な，乱暴な (⇔ gentle) violence 图 暴力 ▶ a violent video game 暴力的なテレビゲーム
0480	
educational [èdʒəkéɪʃənəl]	教育的な，教育の education 图 教育 ▶ an educational learning tool 　教育的な学習ツール
0481	
wealthy [wélθi]	裕福な wealth 图 富 ▶ a wealthy family 裕福な家庭
0482 ⚠ アクセント	
ordinary [ɔ́ːrdəneri]	普通の，ありふれた ordinarily 圖 普通は ▶ in ordinary dress 普通の服で
0483	
physical [fízɪkəl]	身体の (⇔ mental)，物質的な (⇔ spiritual) physics 图 物理学 ▶ physical ability 身体能力
0484	
attractive [ətræktɪv]	魅力的な，人を引き付ける (⇔ unattractive) attract 動 (注意・興味など) を引く ▶ an attractive price 魅力的な値段
0485	
portable [pɔ́ːrtəbl]	持ち運びできる ▶ a portable electric heater 　持ち運びできる電気ヒーター
0486	
unlikely [ʌnláɪkli]	ありそうにもない (⇔ likely) unlike 前 ～とは違って ▶ It is unlikely to rain. 雨は降りそうにもない。
0487	
real-estate [ríːəlɪstèɪt]	不動産の real estate 图 不動産，不動産業 ▶ a real-estate agency 不動産代理店

副詞

0488

traditionally
[trədíʃənəli]

伝統的に
tradition 名 伝統　traditional 形 伝統的な
▶ be traditionally held on New Year's Day
　伝統的に元旦に行われる

0489 ⚠ 発音

further
[fɚ́ːrðər]

さらに，もっと遠くに [= farther]
▶ investigate the case further
　その件をさらに調査する

0490

rapidly
[rǽpɪdli]

急速に，素早く
rapid 形 急速な
▶ a rapidly growing market
　急速に成長している市場

0491

properly
[prá(ː)pərli]

適切に，礼儀正しく (⇔ improperly)
proper 形 適切な，礼儀正しい
▶ be dressed properly
　適切な身なりをしている

0492

indeed
[ɪndíːd]

事実として，本当に，実は [≒ in fact]
▶ Indeed, there are many security
　cameras in town.
　事実として，町中に多くの監視カメラがある。

0493

differently
[dífərəntli]

異なって (⇔ similarly)，それとは違って
difference 名 違い　differ 動 違う
▶ think differently from others
　ほかの人とは違った考え方をする

0494

mostly
[móʊstli]

ほとんど，たいてい，大部分は
▶ The assignment is mostly done.
　その課題はほとんどできている。

0495

completely
[kəmplíːtli]

完全に，全く
complete 動 を完成させる　形 完成した
▶ completely forget his birthday
　彼の誕生日を完全に忘れる

0496

gradually
[grǽdʒuəli]

徐々に
gradual 形 徐々の
▶ gradually improve 徐々に改善する

0497	劇的に
dramatically [drəmǽţɪkəli]	dramatic 形 劇的な ▶ **dramatically expand** 劇的に拡大する

0498	時間外に
overtime [óuvərtàɪm]	形 時間外労働の　名 時間外（労働） ▶ **work overtime** 時間外に働く，残業する

0499	自由に
freely [frí:li]	free 形 自由な，暇な，無料の ▶ **speak freely** 自由に話す

代名詞

0500	どちらも〜ない
neither [ní:ðər]	代 (neither A nor B で) A でも B でもない ▶ **Neither of my brothers likes tomatoes.** 　私の兄弟のどちらもトマトが好きではない。

単語編

でる度
A

B

C

Section 5　副詞／代名詞

1 下線部の語句の意味を答えましょう。

(1) Don't **disappoint** me. 私（を　　　　　）ないで。

(2) get a **promotion** （　　　　　）する

(3) **book** a table 席（を　　　　）

(4) **quit** *one's* job 仕事（を　　　）

(5) **frequently** drive along the coast
（　　　　　）海岸沿いをドライブする

2 日本語に合うように（　）に英単語を入れましょう。

(1) 病院に 10 ドルを寄付する
（　　　　　） ten dollars to a hospital

(2) 値段を比較する （　　　　　） prices

(3) 節電する save （　　　　　）

(4) 自然環境 natural （　　　　　）

3 下線部の単語の意味と，その反意語を答えましょう。

(1) dramatically **increase** ⇔ dramatically （　　　　　）
劇的に（　　　　）

(2) **positive** feedback ⇔ （　　　　） feedback
（　　　　）反応

正解

1 **(1)** を失望させ(→**0231**) **(2)** 昇進(→**0425**) **(3)** を予約する(→**0038**)
　 (4) をやめる(→**0116**) **(5)** 頻繁に(→**0398**)
2 **(1)** donate(→**0217**) **(2)** compare(→**0330**) **(3)** electricity(→**0058**)
　 (4) environment(→**0049**)
3 **(1)** decrease／増加する(→**0004**) **(2)** negative／肯定的な(→**0470**)

でる度
B

単語編

よくでる重要単語 **400**

動詞	

0501

select
[səlékt]

を選ぶ
selection 图 選択
► be selected as a World Heritage Site
世界遺産に選ばれる

0502 ⚠ 発音

arrange
[əréɪndʒ]

(会合の日時など)を取り決める, を整える,
準備をする〈for ～の〉
arrangement 图 整理, 準備
► arrange a meeting 会合の日程を取り決める

0503

observe
[əbzə́ːrv]

を観察する, (法など)を守る
observation 图 観察　　observance 图 順守
► observe the animals' behavior
動物の行動を観察する

0504

switch
[swɪtʃ]

を交換する, をスイッチで切り替える
图 スイッチ
► switch seats 席を交換する

0505

bend
[bend]

を曲げる, 曲がる
★ bend-bent-bent
► bend one's knee 膝を曲げる

0506 ⚠ 発音

prove
[pruːv]

わかる〈to be ～だと〉[≒ turn out], を証明
する (⇔ disprove)
proof 图 証明
► prove (to be) difficult 難しいとわかる

0507

achieve
[ətʃíːv]

を達成する, を成し遂げる
achievement 图 達成, 功績
► achieve a goal 目標を達成する

0508 ⚠ アクセント

transfer
[trænsfə́ːr]

を移す〈from ～から, to ～へ〉, 乗り換える
图 [trǽnsfəːr] 移転, 譲渡, 乗り換え
► be transferred to another hospital
別の病院へ移される

0509	⚠ アクセント	を感心させる〈with, by ～で〉，に（良い）印象を与える

impress
[ɪmprés]

impression 图 印象　impressive 圈 印象的な
▶ be impressed with the idea その考えに感心する

0510		を折る，を畳む（⇔ unfold）

fold
[fould]

▶ fold *one's* clothes 服を畳む

0511		を訂正する

correct
[kərékt]

圈 正しい，正確な
correction 图 訂正
▶ correct errors 誤りを訂正する

0512	⚠ アクセント	返事をする，応じる〈to ～に〉

reply
[rɪpláɪ]

图 返事，応答
▶ reply to an e-mail Eメールに返信する

0513		を強調する

emphasize
[émfəsàɪz]

emphasis 图 強調
▶ emphasize the importance of practice
　練習の重要性を強調する

0514		をこぼす，こぼれる

spill
[spɪl]

★ spill-spilled [spilt] -spilled [spilt]
▶ spill coffee on a shirt
　シャツにコーヒーをこぼす

0515		を当惑させる，を混同する〈with ～と〉

confuse
[kənfjú:z]

confusion 图 混同，混乱
▶ be confused by a sudden question
　突然の質問に当惑する

0516	⚠ 発音	呼吸する

breathe
[bri:ð]

breath 图 息
▶ breathe in deeply 深く息を吸う

0517		横になる，置いてある，ある

lie
[laɪ]

★ lie-lay-lain ／ -ing形は lying
▶ lie on *one's* back あおむけに寝る

0517 lie「うそをつく」は同音同綴の異義語だよ。活用が違うので注意。　😊　77

0518				にカギをかける (⇔ unlock)
lock [lɑ(:)k]				图 錠 ▶ lock the door ドアにカギをかける

0519				回る，を回す
spin [spɪn]				★ spin-spun-spun ▶ The skater spun on the ice. スケーターは氷の上で回った。

0520		⚠ アクセント	(食品・原料など)を加工処理する
process [prá(:)ses]			图 過程 ▶ processed food 加工食品

0521				を閉じ込める，をわなで捕らえる
trap [træp]				图 わな ▶ be trapped in the elevator エレベーターに閉じ込められる

0522				から奪う〈of 〜を〉
rob [rɑ(:)b]				robbery 图 強盗事件 robber 图 強盗 ▶ rob him of cash 現金を彼から奪う

0523				を分析する
analyze [ǽnəlàɪz]				analysis 图 分析 ▶ analyze market data 市場のデータを分析する

名詞

0524				選択
choice [tʃɔɪs]				choose 動 を選ぶ ▶ have no choice but (to) return 戻るほかに選択肢はない

0525				利益 (⇔ loss)
profit [prá(:)fət]				動 利益を得る〈from 〜から〉 ▶ make a profit 利益を上げる

0526	influence [ínfluəns] ⚠️ アクセント	影響〈on 〜に対する〉 動 に影響を及ぼす ▶ a bad influence on children 子どもに対する悪影響
0527	tradition [trədíʃən] ⚠️ アクセント	伝統，伝承 traditional 形 伝統的な ▶ keep up the family traditions 家のしきたりを守る
0528	purpose [pə́ːrpəs] ⚠️ 発音	目的，決意 ▶ be used for various purposes さまざまな目的に使われる
0529	consumer [kənsúːmər]	消費者(⇔ producer) consume 動 を消費する ▶ affect the consumer 消費者に影響を与える
0530	production [prədʌ́kʃən]	生産，生産高(⇔ consumption)，作品 produce 動 (製品・農作物など)を作る ▶ increase food production 食料の生産を増やす
0531	audience [ɔ́ːdiəns]	(集合的に)観衆，聴衆 ★「多い，少ない」は large, small で表す ▶ a large audience 大観衆
0532	cash [kæʃ]	現金 動 (小切手・手形など)を現金化する ▶ do not need to carry cash 現金を持ち歩く必要がない
0533	emotion [ɪmóuʃən]	感情 emotional 形 感情的な ▶ show one's emotions 感情を表す
0534	growth [grouθ]	成長[≒ development]，発展[≒ progress]，増加 grow 動 成長する，増える ▶ economic growth 経済成長

0535 ⚠ 発音	範囲
range [reɪndʒ]	動 (範囲が) 及ぶ ▶ a price range 価格帯, 予算

0536 ⚠ アクセント	影響〈on ~に対する〉, 衝撃
impact [ímpækt]	動 強い影響を与える〈on ~に〉 ▶ the impact of video games on children 子どもへのテレビゲームの影響

0537 ⚠ 発音	トーナメント, 選手権大会
tournament [túərnəmənt]	▶ win the tournament トーナメントで優勝する

0538	緊急 (事態)
emergency [ɪmɜ́:rdʒənsi]	▶ declare a state of emergency 緊急事態を宣言する

0539	ルームメート, 同室者
roommate [rú:mmèɪt]	▶ look for a roommate ルームメートを探す

0540 ⚠ 発音	守衛, 監視人
guard [gɑ:rd]	動 を保護する, を監視する ▶ a security guard 警備員

0541	速度, 割合, 率
rate [reɪt]	動 を評価する ▶ keep decreasing at the current rate 現在の速度で減り続ける

0542	不足, 欠如
lack [læk]	動 に欠けている ▶ a lack of food 食料不足

0543 ⚠ アクセント	費用
expense [ɪkspéns]	expensive 形 高価な, 費用のかかる ▶ traveling expenses 旅費

0544	
step [step]	1段階，1歩，（階段などの）段 ► take the study one step further 研究をさらにもう1段階進める

0545 ⚠ アクセント	
pattern [pǽtərn]	パターン，様式，模様 動 に模様を付ける ► the pattern of language development 言語発達のパターン

0546	
shelf [ʃelf]	棚 ► a photo on the shelf 棚にある写真

0547 ⚠ 発音	
jewelry [dʒúːəlri]	宝石類 [≒ jewels] ► stolen jewelry 盗まれた宝石類

0548	
childhood [tʃáɪldhùd]	子どものころ ► memories from *one's* childhood 子どものころの思い出

0549	
pamphlet [pǽmflət]	パンフレット，小冊子 [≒ brochure] ► prepare a pamphlet パンフレットを用意する

0550	
assistant [əsístənt]	助手，アシスタント assist 動 を援助する ► employ an assistant 助手を雇う

0551	
section [sékʃən]	区画，一部分，部門 sectional 形 部分的な，部 [課] の ► the meat section at the supermarket スーパーマーケットの肉売場

0552 ⚠ アクセント	
politician [pɑ̀(ː)lətíʃən]	政治家 ► The politicians discussed tax policies. 政治家たちは税政策について議論した。

0553		
shark [ʃɑ:rk]	サメ ▶ a shark's fin サメのひれ	

0554		
conclusion [kənklú:ʒən]	結論 conclude 動 と結論を下す ▶ come to a conclusion 結論に達する	

0555		
document [dá(:)kjumənt]	文書，記録 documentary 名 ドキュメンタリー（番組・映画） 形 実録の ▶ an official document 公文書	

0556		
loss [lɔ(:)s]	損失(⇔ profit) lose 動 を失う ▶ a great loss 大きな損失	

0557		
application [æplıkéıʃən]	申し込み，アプリケーション apply 動 申し込む　app 名 アプリ ▶ complete an application online オンラインで申し込みを完了する	

0558	⚠ 発音	
shortage [ʃɔ́:rţıdʒ]	不足 short 形 不足した ▶ a water shortage 水不足	

0559		
password [pǽswə̀:rd]	パスワード ▶ change one's password パスワードを変更する	

0560		
co-worker [kóuwə̀:rkər]	同僚 [≒ colleague] ▶ get along with co-workers 同僚とうまくやっていく	

0561		
screen [skri:n]	画面，スクリーン ▶ look at the screen 画面を見る	

0562 **code** [koʊd]	暗号，コード ▶ break a code 暗号を解読する
0563 **pain** [peɪn]	痛み，苦悩，骨折り painful 形 つらい，痛みを伴う ▶ a sharp pain 鋭い痛み
0564 ⚠ アクセント **reality** [riǽləti]	現実 real 形 実際の ▶ be different from reality 現実とは違っている
0565 ⚠ 発音・アクセント **exhibit** [ɪgzíbət]	展示品，展示会 動 を展示する，を示す exhibition 图 展覧(会)，展示(会) ▶ main exhibits 主要な展示品
0566 **programmer** [próʊgræmər]	プログラマー programming 图 プログラミング ▶ a computer programmer コンピュータープログラマー
0567 **signal** [sígnəl]	信号，合図 ▶ a traffic signal 交通信号
0568 ⚠ アクセント **instinct** [ínstɪŋkt]	本能 instinctive 形 本能的な ▶ animal instinct 動物的本能
0569 **army** [ɑ́ːrmi]	陸軍，軍隊 ★海軍は navy，空軍は air force ▶ join the army 陸軍に入る
0570 ⚠ 発音 **route** [ruːt]	(一定の規則的な) 道，手段 routine 图 日課 形 お決まりの ▶ an air route 航空路

単語編

でる度 B

Section 6 名詞

0571	
bubble [bʌ́bl]	泡 ▶ soap bubbles 石けんの泡

0572	
banking [bǽŋkɪŋ]	銀行業，銀行業務 bank 图 銀行 ▶ online banking オンラインバンキング

0573 ▲発音	
label [léɪbəl]	ラベル，札 働 に札を付ける ▶ put a label on the box 箱にラベルを貼る

0574	
dinosaur [dáɪnəsɔ̀:r]	恐竜 ▶ a dinosaur fossil 恐竜の化石

形容詞

0575	
terrible [térəbl]	ひどい，つらい terribly 働 ひどく ▶ be in terrible pain ひどい痛みがある

0576	
boring [bɔ́:rɪŋ]	退屈な (⇔ interesting) bored 形 退屈した　bore 働 を退屈させる ▶ a long and boring speech 長くて退屈なスピーチ

0577	
due [dju:]	期限が来て，(be due to do で)〜する予定である ▶ The due date is tomorrow. 期日は明日だ。

0578	
exact [ɪgzǽkt]	正確な (⇔ approximate) exactly 働 正確に，まさに ▶ the exact time of the accident 事故の起きた正確な時間

0579

high-quality
[hàikwɑ́(ː)ləţi]

高品質の
quality 图 質，良質，特性 形 良質の
▶ high-quality products 高品質の製品

0580 ⚠発音

tiny
[táini]

わずかな，とても小さな (⇔ huge)
▶ a tiny amount of salt ほんの少量の塩

0581

senior
[síːnjər]

上位の，年長の，先輩の
seniority 图 年長，上位
▶ a senior manager 上級管理職

0582

unusual
[ʌnjúːʒuəl]

普通でない，珍しい (⇔ common, usual)
▶ unusual weather 異常気象

0583 ⚠発音

mysterious
[mɪstíəriəs]

神秘的な (⇔ clear)，秘密の
mystery 图 神秘，推理小説
▶ a mysterious smile 神秘的なほほ笑み

0584

unhealthy
[ʌnhélθi]

不健康な
health 图 健康
▶ unhealthy food 不健康な食べ物

0585 ⚠アクセント

specific
[spəsífɪk]

特定の (⇔ general)，具体的な (⇔ vague)
▶ a specific time of the day
一日のうちの特定の時間

0586 ⚠発音

accurate
[ǽkjərət]

正確な (⇔ inaccurate)
accuracy 图 正確さ，精度
▶ an accurate answer 正確な答え

0587

poisonous
[pɔ́ɪzənəs]

有毒な
poison 图 毒
▶ a poisonous mushroom 有毒なキノコ

単語編

A

でる度 B

C

Section 6 形容詞

0588	
mental [méntəl]	精神の，心の (⇔ physical) ▶ mental health 精神の健康

副詞

0589	
exactly [ɪgzæktli]	まさに，正確に exact 形 正確な ▶ feel exactly the same way まさに同感である

0590	
naturally [nætʃərəli]	自然に，生まれつき natural 形 自然の，当然の ▶ speak naturally 自然に話す

0591	
normally [nɔ́:rməli]	通常は，いつもは [≒ usually] normal 形 普通の ▶ normally begin in June 通常は6月に始まる

0592	
generally [dʒénərəli]	一般に，たいてい [≒ usually] general 形 一般的な ▶ a generally accepted idea 一般に認められている考え

0593 ⚠ アクセント	
nevertheless [nèvərðəlés]	それにもかかわらず [= nonetheless] ▶ I was tired. Nevertheless, I couldn't sleep. 私は疲れていた。それにもかかわらず眠 れなかった。

0594	
entirely [ɪntáɪərli]	完全に，全く [≒ completely] entire 形 全体の，完全な ▶ be not entirely sure 完全に確信しているわけではない

0595	
efficiently [ɪfíʃəntli]	能率的に efficient 形 能率的な ▶ work efficiently 能率的に働く

0596 ⚠ アクセント **meanwhile** [míːnhwàɪl]	その間（に），一方 ▶ Meanwhile, he ate dinner. 　その間に彼は夕食を食べた。
0597 **accidentally** [æksɪdéntəli]	誤って，偶然に accidental 形 偶然の ▶ accidentally break a window 　誤って窓を割る
0598 **locally** [lóukəli]	地元で，ある地方で local 形 地元の，その地域の ▶ vegetables grown locally 　地元で育てられた野菜

前置詞

0599 **unlike** [ʌnláɪk]	～とは違って unlikeness 名 似ていないこと unlikely 形 ありそうにもない ▶ unlike other boys ほかの男の子とは違って
0600 ⚠ アクセント **within** [wɪðín]	～以内に ▶ within a week 1週間以内に

単語編

でる度 **B**

Section 6 副詞／前置詞

動詞

0601	
note [nout]	に注意する，を書き留める，に言及する 名 メモ，注釈 ► Please note that the gym closes at nine. ジムは9時に閉まるのでご注意ください。

0602 ⚠発音	
bury [béri]	を埋める，を埋葬する (⇔ dig up) burial 名 埋葬 ► bury a treasure in the ground 地中に宝を埋める

0603	
bother [bá(:)ðər]	を悩ます，に迷惑をかける ► The noise bothered the neighbors. 騒音が近所の人を悩ませた。

0604 ⚠発音	
weigh [weɪ]	の重さがある，の重さを量る weight 名 重さ，体重 ► weigh 20 kilograms 20キログラムの重さがある

0605	
sort [sɔːrt]	を分類する，を選び出す 名 種類 ► sort the mail 郵便物を仕分けする

0606	
freeze [friːz]	凍る，を凍らせる ★ freeze-froze-frozen 名 凍結，寒波 ► The pond froze. 池が凍った。

0607 ⚠アクセント	
update [ʌpdéɪt]	をアップデートする，を最新のものに更新する 名 [ʌ́pdèɪt] アップデート ► update information 情報をアップデートする

0608	
stretch [stretʃ]	を伸ばす，伸びる，広がっている 名 ひと続きの広がり，伸ばすこと ► stretch out one's arm 腕を伸ばす

0609	
display [dɪspléɪ]	を展示する，を見せる 图 展示，表出 ▶ display paintings 絵画を展示する

0610 △ 発音	
pour [pɔːr]	を注ぐ，を放出する ▶ pour some tea into a cup カップに紅茶を注ぐ

0611 △ 発音	
judge [dʒʌdʒ]	(を)審査する，(を)判断する，(を)裁く 图 裁判官，審査員　judgment 图 意見，判断 ▶ judge a speech contest スピーチコンテストを審査する

0612	
roast [roust]	を炒る，を焼く 图 炒る[焼く]こと，ロースト ▶ roast coffee beans コーヒー豆を炒る

0613 △ 発音	
supply [səplái]	を供給する〈to ～に〉 图 供給 ▶ supply drinking water 飲み水を供給する

0614 △ アクセント	
survive [sərváɪv]	存在し続ける，生き残る survival 图 生き残ること ▶ traditions that have survived 存続している伝統

0615	
lift [lɪft]	を持ち上げる(⇔ lower)，を高める 图 上昇，持ち上げること，スキーリフト ▶ lift a child onto the bed 子どもを抱き上げてベッドに寝かせる

0616 △ アクセント	
apologize [əpá(ː)lədʒàɪz]	謝る〈to ～に，for ～のことで〉 apology 图 おわび，謝罪 ▶ apologize to him for my mistakes 自分の誤りを彼に謝る

0617	
obtain [əbtéɪn]	を得る〈from ～から〉，を獲得する ▶ obtain information from the Internet インターネットから情報を得る

0618 □□□	を結び付けて考える〈with ~と〉
associate [əsóuʃièit]	association 图 交際, 協会, 連想 ▶ associate healthcare with exercise 医療を運動と結び付けて考える

0619 □□□	を促進する, を前へ進める
advance [ədvǽns]	advancement 图 前進, 進歩 ▶ advance trade between the two countries 2国間の貿易を促進する

0620 □□□ **⚠ アクセント**	進歩 [向上] する (⇔ get behind)
progress [prəgrés]	图 [prá(:)grəs] 進歩, 前進 ▶ progress rapidly 急速に進歩する

0621 □□□ **⚠ 発音**	を疑う
doubt [daut]	图 疑い doubtful 形 疑わしい ▶ doubt his words 彼の言葉を疑う

0622 □□□	(を)投資する〈in ~に〉
invest [ɪnvést]	investment 图 投資 ▶ invest in product development 製品開発に投資する

0623 □□□	進化する, 発展 [進展] する
evolve [ɪvá(:)lv]	evolution 图 進化 ▶ evolve from apes サルから進化する

0624 □□□	を代表する, を表す
represent [rèprɪzént]	representative 图 代表者 形 代表する representation 图 代表, 表現 ▶ represent a group グループを代表する

0625 □□□	を適応 [適合] させる〈to ~に〉
adapt [ədǽpt]	adaptation 图 適応 ▶ adapt *oneself* to a new environment 新しい環境に適応する

0626 □□□	に衝撃を与える
shock [ʃɑ(:)k]	图 衝撃, ショック ▶ be shocked by the news その知らせにショックを受ける

0627 **strengthen** [stréŋkθən]	を強くする (⇔ weaken) strength 图 力　strong 形 強い ► strengthen national security 国家の安全保障を強化する
0628 ⚠ アクセント **consist** [kənsíst]	成り立っている 〈of ~から〉 consistency 图 一貫性　consistent 形 一貫した ► consist of a lot of small parts たくさんの小さな部品から成る
0629 **react** [riǽkt]	反応する〈to ~に〉，反発する〈against ~に〉 reaction 图 反応，反発 ► react negatively to the decision その決断に否定的な反応をする
0630 ⚠ アクセント **insert** [ɪnsə́ːrt]	を挿入する〈into, in ~に〉 图 [ínsəːrt] 挿入物 ► insert a key into a lock カギを錠前に差し込む

名詞

0631 **favor** [féɪvər]	親切な行為，好意 favorable 形 好意のある favorite 形 お気に入りの ► ask a favor 頼み事をする
0632 **inconvenience** [ìnkənvíːniəns]	不便（さ） inconvenient 形 不便な ► apologize for inconvenience 不便をわびる
0633 **poverty** [pá(ː)vərti]	貧困 (⇔ wealth) poor 形 貧しい ► live in poverty 貧しい暮らしをする
0634 **fund** [fʌnd]	資金，基金 動 に資金を提供する funding 图 資金調達，資金 ► get educational funds 教育資金を得る

0635 ⚠ アクセント **aspect** [ǽspèkt]	局面，側面，見方 ► various aspects of life 人生のさまざまな局面
0636 **means** [mí:nz]	手段 ★単数・複数扱い ★mean という名詞の複数形ではないので注意 ► means of transportation 交通手段
0637 **theory** [θí:əri]	仮説，理論(⇔ practice) theoretical 形 理論(上)の ► prove a theory 仮説を証明する
0638 ⚠ 発音 **strength** [stréŋkθ]	力，強さ(⇔ weakness) strong 形 強い strengthen 動 を強くする ► lose physical strength 体力を失う
0639 **collection** [kəlékʃən]	収蔵品，コレクション，収集 collect 動 を集める ► a collection of paintings 絵画のコレクション
0640 **position** [pəzíʃən]	職，位置，立場 動 を置く ► a teaching position 教職
0641 **factor** [fǽktər]	要因，要素 ► a political factor 政治的要因
0642 **structure** [strʌ́ktʃər]	構造，建造物 structural 形 構造(上)の，建築用の ► sentence structure 文構造
0643 **destination** [dèstɪnéɪʃən]	目的地 ► a popular tourist destination 人気のある観光地

単語編

でる度 **B**

Section 7 名詞

0644

combination
[kὰ(:)mbɪnéɪʃən]

組み合わせ，結合
combine 動 を結び付ける
► a combination of sweet and bitter
甘味と苦みの組み合わせ

0645

connection
[kənékʃən]

接続，関係 [≒ relation]
connect 動 をつなぐ
► Internet connection インターネット接続

0646

link
[lɪŋk]

つながり，関連
動 を結び付ける〈with ～に〉
► establish trade links 貿易のつながりを築く

0647

council
[káʊnsəl]

会議，（地方自治体の）議会，評議会
► a student council 生徒会

0648

vegetarian
[vèdʒətéəriən]

ベジタリアン，菜食主義者
► a strict vegetarian 厳格なベジタリアン

0649 ⚠ アクセント

laboratory
[læbərətɔ̀:ri]

研究室，実験室
► a research laboratory 研究所

0650

navy
[néɪvi]

海軍
★陸軍は army，空軍は air force
► join the navy 海軍に入隊する

0651

publisher
[pʌ́blɪʃər]

出版社 [≒ publishing company]
publish 動 を発表する，を出版する
► work at a publisher 出版社で働く

0652

lamp
[læmp]

ランプ，電気スタンド
► put a lamp on the table
テーブルにランプを置く

0653		

championship
[tʃǽmpjənʃìp]

選手権（大会）
▶ the world championship 世界選手権大会

0654		

tutor
[tjúːtər]

家庭教師
▶ hire a tutor 家庭教師を雇う

0655		

insurance
[ɪnʃúərəns]

保険
insure 動 (に)保険をかける
▶ life insurance 生命保険

0656		

court
[kɔːrt]

（テニスなどの）コート，裁判所，裁判
▶ a tennis court テニスコート

0657		

counter
[káuntər]

カウンター
▶ an information counter
インフォメーションカウンター，案内所

0658			⚠ 発音・アクセント

orchestra
[ɔ́ːrkɪstrə]

オーケストラ
▶ play in an orchestra
オーケストラで演奏する

0659		

handwriting
[hǽndràɪtɪŋ]

手書き，筆跡
▶ good handwriting きれいな手書き

0660			⚠ 発音

sight
[saɪt]

視力，見ること，視野，光景
▶ have poor sight 視力が悪い

0661		

title
[táɪtl]

題名，タイトル
動 に題名を付ける
▶ the title of a book 書名

0662 **avenue** [ǽvənjùː]	大通り，街路 ▶ on Third Avenue 3番街に
0663 **billion** [bíljən]	10億，（～s）ばく大な数 ★ 100万は million. 1兆は trillion ▶ The profit will amount to 3 billion dollars. 利益は総額30億ドルになるだろう。
0664 **habit** [hǽbɪt]	（個人的な）習慣，癖 habitual 形 習慣的な ▶ make a habit of exercising 運動するのを習慣とする
0665 **cycle** [sáɪkl]	周期，サイクル 動 自転車に乗る ▶ a sleep cycle 睡眠周期
0666 ⚠ 発音 **container** [kəntéɪnər]	容器，入れ物 contain 動 を含む ▶ a plastic container プラスチック容器
0667 ⚠ 発音 **breath** [breθ]	息，呼吸 breathe 動 呼吸する ▶ take a deep breath 深呼吸する
0668 **entry** [éntri]	入る権利，入場，入学〈to, into ～に〉 enter 動 に入る ▶ have free entry to a gallery 美術館に無料で入場できる
0669 **jam** [dʒæm]	混雑，渋滞，（機械の）故障 動 を詰め込む，を混雑させる ★ jam「ジャム」は同音同綴の異義語 ▶ a traffic jam 交通渋滞
0670 **drug** [drʌg]	薬，（～s）麻薬 ▶ develop drugs 薬を開発する

0671 ⚠発音	青年時代，青年期
youth [ju:θ]	young 形 若い ▶ in *one's* youth 若いころに

0672	鉱物，ミネラル
mineral [mínərəl]	mine 图 鉱山 動 を採掘する ▶ be rich in minerals 鉱物が豊富である

0673	必要条件，資格
requirement [rɪkwáɪərmənt]	require 動 を要求する，を必要とする ▶ entry requirements 入学資格

0674	リーグ，競技連盟
league [li:g]	▶ in a league match リーグ戦で

0675 ⚠アクセント	(通例 ~s) 中身，内容
content [ká(:)ntent]	contain 動 を含む ▶ the contents of the bag かばんの中身

0676 ⚠発音	不安，心配〈about, over, for ~についての〉
anxiety [æŋzáɪəţi]	anxious 形 心配して ▶ anxiety about the future 将来に対する不安

形容詞

0677	間違った (⇔ true)，不誠実な
false [fɔ:ls]	▶ spread false information 間違った情報を広める

0678 ⚠アクセント	人工の (⇔ natural)，不自然な
artificial [à:rţɪfíʃəl]	artificially 副 人為的に，不自然に ▶ artificial intelligence 人工知能 (AI)

0679 ⚠ 発音 **unique** [juníːk]	唯一の，独特の [≒ particular] ▶ a unique experience またとない経験
0680 **thin** [θɪn]	薄い (⇔ thick)，やせた [≒ slim] (⇔ fat) ▶ a thin blanket 薄い毛布
0681 ⚠ アクセント **long-term** [lɔ̀(ː)ŋtə́ːrm]	長期の (⇔ short-term) ▶ a long-term life plan 長期の人生設計
0682 ⚠ アクセント **historic** [hɪstɔ́(ː)rɪk]	歴史上有名な historical 形 歴史の history 名 歴史 ▶ a historic site 歴史上有名な場所，史跡
0683 ⚠ 発音 **tough** [tʌf]	困難な [≒ difficult]，たくましい (⇔ weak) ▶ a tough question 難しい問題
0684 **actual** [ǽktʃuəl]	実際の (⇔ imaginary)，本当の (⇔ unreal) actually 副 実は，実際には ▶ an actual person 実在の人物
0685 **cultural** [kʌ́ltʃərəl]	文化の，文化的な culture 名 文化 ▶ a cultural tradition 文化的伝統
0686 **latest** [léɪtɪst]	(the ~)最新の，最近の ▶ the latest fashion 最新の流行
0687 **constant** [ká(ː)nstənt]	絶えず続く [≒ continuous] (⇔ occasional)， 不変の [≒ stable] (⇔ variable) constancy 名 不変性 ▶ constant trouble 絶え間ない面倒

副詞

0688 **nearly** [níərli]	ほとんど [≒ almost]，もう少しで~する ところで ▶ nearly 100 students 100人近くの学生
0689 **poorly** [púərli]	下手に，不十分に，貧しく poor 形 不十分な，貧しい ▶ do poorly in school 学校の成績が良くない
0690 **simply** [símpli]	単に，簡単に simple 形 簡単な，質素な，愚かな ▶ It is simply a matter of money. それは単に金の問題である。
0691 **mainly** [méinli]	主に，概して main 形 主な ▶ mainly deal with furniture 主に家具を扱う
0692 **rarely** [réərli]	めったに~ない [= seldom] (⇔ often) rare 形 珍しい，まれな ▶ He rarely speaks. 彼はめったにしゃべらない。
0693 **correctly** [kəréktli]	正しく，正確に correct 形 正しい，正確な 動 を訂正する ▶ describe a situation correctly 状況を正確に描写する
0694 **shortly** [ʃɔ́ːrtli]	まもなく，すぐに [≒ soon] ▶ He will arrive shortly. 彼はまもなく到着するだろう。
0695 **afterwards** [ǽftərwərdz]	その後，後で [= later] ★afterwardとする場合もある ▶ The accident happened afterwards. 事故はその後起きた。
0696 **currently** [kə́ːrəntli]	現在 current 形 現在の ▶ be currently interested in AI 現在はAI (人工知能) に興味がある

0697	極めて
extremely [ɪkstríːmli]	extreme 形 極度の，極端な ▶ be extremely busy 極めて忙しい

0698	健康的に
healthily [hélθɪli]	health 名 健康 healthy 形 健康的な ▶ eat healthily 健康的な食事をする

0699	その上 [= moreover, furthermore]
besides [bɪsáɪdz]	前 ～に加えて ▶ She is kind. Besides, she's smart. 彼女は親切だ。その上，賢い。

前置詞

0700 ⚠ 発音	～を除いては [≒ excluding, other than]
except [ɪksépt]	接 (～であることを) 除いては exception 名 例外 ▶ except Sunday 日曜日を除いては

Section 8

動詞

0701	重大である，問題となる
matter [mǽʧər]	图 事，問題 ▶ His opinion doesn't matter much. 彼の意見はそれほど重大ではない。

0702	回復する〈from ～から〉，を取り戻す
recover [rɪkʌ́vər]	recovery 图 回復 ▶ fully recover from a cold 風邪から完全に回復する

0703	を囲む
surround [səráund]	▶ be surrounded by a crowd 群衆に囲まれている

0704 ⚠ アクセント	成功する〈in ～に〉(⇔ fail)，(を)継ぐ
succeed [səksíːd]	success 图 成功　　succession 图 連続 ▶ succeed in finding a job 仕事探しに成功する

0705 ⚠ アクセント	を繰り返す，復唱する
repeat [rɪpíːt]	repetition 图 繰り返し ▶ repeat the same mistakes 同じ間違いを繰り返す

0706	を調節する，順応する〈to ～に〉
adjust [ədʒʌ́st]	adjustment 图 調整，順応 ▶ adjust the volume of the radio ラジオの音量を調節する

0707	(鳥・魚が)渡る，移住する
migrate [máɪɡreɪt]	migration 图 移住，渡り ▶ migrate to warmer areas 暖かい地域へ渡る

0708 ⚠ アクセント	を消化する
digest [daɪdʒést]	▶ digest food 食べ物を消化する

単語編

A

でる度 B

C

Section 8 動詞

0709	
reset [ríːsét]	を再設定する，を初期状態に戻す ★ reset-reset-reset ► reset *one's* password 　パスワードを再設定する

0710	
renew [rɪnjúː]	を更新する，を再び始める renewal 图 更新，再開 ► renew *one's* membership 　会員資格を更新する

0711	
maintain [meɪntéɪn]	を維持する (⇔ end) maintenance 图 維持 ► maintain good relations 　良好な関係を維持する

0712	⚠ アクセント
memorize [méməràɪz]	を記憶 [暗記] する memory 图 記憶(力)，思い出 ► memorize a new word 新出単語を覚える

0713	
debate [dɪbéɪt]	討論する〈on, about 〜について〉 图 討論 ► debate on the issue 　その問題について討論する

0714	
flow [floʊ]	(液体や空気が) 流れる 图 流れ ► a river flowing along a valley 　谷に沿って流れる川

0715	⚠ 発音
determine [dɪtə́ːrmɪn]	を決定 [決心] する，を正確に知る determination 图 決定，決心 ► determine to become a doctor 　医師になることを決心する

0716	
struggle [strʌ́gl]	奮闘する〈with 〜と，to *do* 〜しようと〉 图 戦い，奮闘 ► struggle to meet the deadline 　締切に間に合わせようと奮闘する

0717	
refund [rɪfʌ́nd]	を払い戻す 图 [ríːfʌnd] 返済 (金) ► refund an entry fee 入場料を払い戻す

0718	
qualify [kwá(ː)lɪfàɪ]	に資格を与える〈for ～の〉 qualification 图 資格，適性 ▶ be qualified for teaching 　教師の資格を与えられる

0719 ⚠ 発音	
motivate [móʊṭəvèɪt]	にやる気を起こさせる，に動機を与える motivation 图 動機 ▶ motivate students to study 　生徒に勉強する気を起こさせる

0720 ⚠ アクセント	
convert [kənvə́ːrt]	を変える〈into, to ～に〉 conversion 图 変化，転換 ▶ convert a store into an office 　店舗を事務所に改装する

0721 ⚠ アクセント	
satisfy [sǽṭɪsfàɪ]	(条件)を満たす，を満足させる〈with ～で〉 (⇔ dissatisfy) satisfaction 图 満足　satisfactory 形 満足のいく ▶ satisfy a requirement 必要条件を満たす

0722 ⚠ 発音	
flood [flʌd]	を水浸しにする，氾濫する 图 洪水，殺到 ▶ The streets were flooded. 　通りが水浸しになった。

0723 ⚠ アクセント	
calculate [kǽlkjulèɪt]	を計算する calculation 图 計算 ▶ calculate the cost 費用を計算する

0724	
chase [tʃeɪs]	を追いかける 图 追跡 ▶ chase *one's* dreams 夢を追いかける

0725	
stare [steər]	(を)じっと見る〈at ～を〉 图 凝視 ▶ stare at a screen 画面をじっと見る

0726	
sail [seɪl]	出航する〈for ～に向けて〉，航海[航行]する 图 帆，船 ▶ sail for San Francisco 　サンフランシスコに向けて出航する

単語編

A

でる度 B

C

Section 8 名詞

名詞

0727	
expectation [èkspektéɪʃən]	予想，期待，見込み expect 動 を予期する ▶ beyond *one's* expectations 予想以上に

0728	
layer [léɪər]	層 ▶ a layer of plastic プラスチックの層

0729	
powder [páʊdər]	粉 ▶ curry powder カレー粉

0730	
traveler [trǽvələr]	旅行者 travel 動 旅行する ▶ foreign travelers 外国人旅行者

0731	
steel [sti:l]	鋼鉄 ▶ a knife made of steel 鋼鉄性のナイフ

0732	
journey [dʒə́:rni]	旅，旅行 ▶ start on a journey 旅に出る

0733	
nation [néɪʃən]	国家，(the ～)国民 national 形 全国的な，国家の，国民の ▶ the United Nations 国際連合

0734 ⚠ アクセント	
essay [éseɪ]	小論文，随筆 ▶ an essay on environmental pollution 環境汚染についての小論文

0735		
diet [dáɪət]	ダイエット，（日常の）食事 ★the Dietは「（日本などの）国会」を意味する別の語 ▶ be on a diet ダイエットをしている
0736	
task [tæsk]	（課せられた）仕事，任務 ▶ perform a task 仕事を遂行する
0737	
enemy [énəmi]	敵（⇔ friend） ▶ defeat an enemy 敵を倒す
0738　⚠ 発音	
receipt [rɪsíːt]	領収書，レシート receive 動（を）受け取る ▶ the receipt for the purchase 購入品のレシート
0739　⚠ 発音	
surgery [sɔ́ːrdʒəri]	手術，外科 surgeon 图 外科医 ▶ have surgery on one's knee 膝の手術を受ける
0740	
childcare [tʃáɪldkèər]	育児，子育て ▶ childcare facilities 保育施設
0741　⚠ 発音	
threat [θret]	脅威〈to ~への〉，脅迫 threaten 動 を脅す ▶ a threat to the environment 環境への脅威
0742	
error [érər]	誤り，間違い [≒ mistake] ▶ spelling errors つづりの誤り
0743	
flexibility [flèksəbíləti]	柔軟性 flexible 形 融通の利く，柔軟な ▶ the flexibility of one's shoulder 肩の柔軟性

0744	一生
lifetime [láɪftàɪm]	▶ spend a lifetime developing robots ロボットの開発に一生を使う

0745	取り散らかしたもの，混乱
mess [mes]	▶ clean up the mess 散らかったものを片付ける

0746	機能，職務
function [fʌ́ŋkʃən]	動 機能する functional 形 機能的な ▶ the function of the heart 心臓の機能

0747	性別
gender [dʒéndər]	▶ regardless of gender or age 性別や年齢を問わず

0748	家族，世帯
household [háʊshòʊld]	形 家庭（用）の ▶ a large household 大家族

0749 ⚠発音	ワクチン
vaccine [væksíːn]	▶ test a vaccine ワクチンの試験を行う

0750	計算
calculation [kæ̀lkjuléɪʃən]	calculate 動 を計算する ▶ do a calculation 計算をする

0751	利用者，使用者，ユーザー
user [júːzər]	use 動 を使う 名 使用，利用 ▶ Internet users インターネット利用者

0752 ⚠発音	液体
liquid [líkwɪd]	形 液体の ★固体は solid，気体は gas ▶ colorless liquid 無色の液体

0753	
manufacturer [mæ̀njufǽktʃərər]	製造業者，メーカー manufacture 動 を製造する ▶ a major car manufacturer 主要な自動車メーカー
0754　⚠ アクセント	衛星，人工衛星
satellite [sǽṭəlàɪt]	▶ a weather satellite 気象衛星
0755	文明，文明化
civilization [sìvələzéɪʃən]	civilize 動 を文明化する ▶ the development of civilization 文明の発達
0756	感情，気持ち
feeling [fíːlɪŋ]	feel 動 感じる ▶ understand *one's* feelings 感情を理解する
0757	リスク，危険（性）
risk [rɪsk]	risky 形 リスクを伴う ▶ take a risk リスクを負う
0758	職場
workplace [wə́ːrkplèɪs]	▶ in the workplace 職場で
0759	行動，態度
behavior [bɪhéɪvjər]	behave 動 振る舞う ▶ consumer behavior 消費者行動
0760	グラフ
graph [græf]	▶ according to the graph グラフによると
0761　⚠ アクセント	ぜいたく（品）
luxury [lʌ́gʒəri]	luxurious 形 ぜいたくな ▶ the luxury of traveling in a private jet 自家用ジェットで旅行するというぜいたく

単語編

でる度
B

Section 8 名詞

0762		
newsletter [njúːzlètər]	会報，ニュースレター ▶ a monthly newsletter 月刊の会報

0763		
ray [reɪ]	(〜s) 光線 ▶ the sun's rays 太陽光線

0764		
anniversary [ænɪvə́ːrsəri]	記念日 ▶ *one's* wedding anniversary 結婚記念日

0765	⚠ アクセント
partnership [páːrtnərʃìp]	提携，協力〈with 〜との〉 ▶ form partnerships with other airlines ほかの航空会社との提携を結ぶ

0766	⚠ 発音
aisle [aɪl]	通路 ▶ an aisle seat 通路側の席

0767		
session [séʃən]	活動のための集まり，会期 ▶ a counseling session 相談会

0768	⚠ 発音
cruise [kruːz]	遊覧航海，巡航，クルーズ ▶ take a cruise 遊覧航海をする

0769	⚠ アクセント
microscope [máɪkrəskòʊp]	顕微鏡 ▶ look through a microscope 顕微鏡を通して見る

0770		
ecotourism [ìːkoʊtúərɪzm]	エコツーリズム ▶ promote ecotourism エコツーリズムを促進する

0770 旅を通じて自然環境や文化保護への関心を高めようとする観光業のことだよ。

0771	失礼な (⇔ polite)
rude [ru:d]	rudeness 图 失礼 ► **a rude reply** 失礼な返答

0772	都会の (⇔ rural)
urban [ə́:rbən]	► **urban life** 都会の生活

0773	(食料品が) 冷凍した
frozen [fróuzən]	► **frozen foods** 冷凍食品

0774	宗教の
religious [rɪlídʒəs]	religion 图 宗教 ► **one's religious beliefs** 宗教的信条

0775	身体 [心身] 障がいの
disabled [dɪséɪbld]	图 (the ~ で集合名詞的に) 障がい者 (複数扱い) ► **be physically disabled** 身体障がいを持つ

0776	才能がある
talented [tǽləntɪd]	talent 图 才能 ► **a talented pianist** 才能あるピアニスト

0777	心配して 〈about, for ~を〉
anxious [ǽŋkʃəs]	anxiety 图 不安. 心配 ► **feel anxious about the exam** 試験のことを心配に感じる

0778	ベストセラーの
best-selling [bèstsélɪŋ]	bestseller 图 ベストセラー ► **a best-selling toy** ベストセラーのおもちゃ

0779	間違った
incorrect [ìnkərékt]	► **incorrect information** 間違った情報

0780		

stylish
[stáɪlɪʃ]

おしゃれな，流行の
▶ a stylish suit おしゃれなスーツ

0781		

financial
[fənǽnʃəl]

財政（上）の
finance 图 財政
▶ financial difficulties 財政的困難

0782		

enormous
[ɪnɔ́ːrməs]

ばく大な，巨大な
enormously 副 大いに
▶ an enormous amount of money
ばく大な金

0783		

temporary
[témpərèri]

一時的な（⇔ permanent）
▶ temporary housing units 仮設住宅

0784		⚠ アクセント

organic
[ɔːrgǽnɪk]

有機の（⇔ inorganic），有機体の
organically 副 有機的に
▶ organic chemicals 有機化学物質

0785		

blind
[blaɪnd]

目の不自由な（⇔ sighted）
▶ My uncle is blind. 私のおじは目が不自由だ。

0786		

dizzy
[dízi]

めまいがする
▶ feel dizzy めまいがする

0787		

low-income
[lòʊínkʌm]

低収入の
▶ a low-income household 低所得の世帯

0788	
perhaps [pərhǽps]	もしかすると, おそらく ► Perhaps you are right. もしかするとあなたが正しいかもしれない。

0789	
increasingly [ɪnkríːsɪŋli]	ますます ► Education has become increasingly important. 教育はますます重要になっている。

0790 ⚠ アクセント	
particularly [pərtíkjʊlərli]	特に, とりわけ [≒ especially] particular 形 特定の ► be particularly good for *one's* eyes 特に目に良い

0791 ⚠ アクセント	
worldwide [wə̀ːrldwáɪd]	世界中に [で], 世界的に 形 世界的な ► be famous worldwide 世界的に有名な

0792	
additionally [ədíʃənəli]	またさらに, その上に [≒ in addition] addition 名 追加 ► Additionally, you can get a free drink. さらに, 無料のドリンクももらえます。

0793	
commonly [ká(:)mənli]	一般に common 形 共通の, 普通の ► be commonly known 一般に知られている

0794 ⚠ 発音	
closely [klóʊsli]	綿密に, 密接に close 形 近い, 綿密な ► examine the evidence closely 証拠を綿密に調べる

0795	
thus [ðʌs]	従って [= therefore, so], このように ► Thus, consumption of rice will increase. 従って, 米の消費が増えるだろう。

0796	
overnight [òʊvərnáɪt]	一晩中, 夜通し 形 夜通しの ► work overnight 夜通し働く

0797	公正に，まあまあ，かなり
fairly [féərli]	fair 形 公正な，かなりの，晴れた ▶ trade crops fairly 作物を公正に取引する
0798 ⚠ アクセント	比較的
relatively [rélətɪvli]	relative 形 相対的な，比較上の ▶ a relatively cheap computer 比較的安いコンピューター

接続詞

0799 ⚠ アクセント	どこで [へ] …しようとも，…するところはどこで [へ] も
wherever [hweərévər]	▶ I'll follow you wherever you go. あなたがどこへ行こうとも私はついていく。
0800 ⚠ アクセント	…するときはいつも，たとえいつ…しても
whenever [hwenévər]	▶ Whenever she goes shopping, she buys some pizza. 彼女は買い物に行くといつもピザを買う。

動詞

0801	
identify [aidéntʃəfàɪ]	を特定する，を確認する〈as ～であると〉 identification 图 身元確認，身分証明(書) ▶ identify the cause of the pain 痛みの原因を特定する

0802	
specialize [spéʃəlàɪz]	専門とする〈in ～を〉 specialist 图 専門家 ▶ specialize in winter clothing 冬用衣類を専門とする

0803	
sink [sɪŋk]	沈む(⇔ float)，を沈める ★ sink-sank-sunk　图 流し(台) ▶ sink to the bottom of the ocean 海底に沈む

0804	
commit [kəmít]	(罪など)を犯す，に義務を負わせる〈to ～の〉 commitment 图 約束，関与 ▶ commit a crime 犯罪を犯す

0805	⚠ 発音
threaten [θrétən]	を脅す threat 图 脅威，脅迫 ▶ threaten the man with a gun その男性を銃で脅す

0806	
monitor [má(:)nəṭər]	を監視する 图 監視装置，モニター ▶ monitor the progress of a project プロジェクトの進展を監視する

0807	
unpack [ʌnpæk]	(包みなど)を開けて中身を出す ▶ unpack the box 箱の中身を出す

0808	
enlarge [ɪnláːrdʒ]	を大きく[拡大]する large 圏 大きい ▶ enlarge the letters on the screen 画面上の文字を拡大する

0809	
stir [stə:r]	(を)かき混ぜる, をかき乱す ► stir *one's* tea with a spoon 　スプーンで紅茶をかき混ぜる

0810　▲ 発音・アクセント	
postpone [poustpóun]	を延期する [≒ put off] ► postpone the match until next Friday 　試合を次の金曜日まで延期する

0811	
witness [wítnəs]	を目撃する, を証明する, 証言する 图 目撃者, 証人 ► witness a miracle 奇跡を目撃する

0812	
restore [rɪstɔ́:r]	を修復する, (秩序・健康など)を回復させる restoration 图 修復, 回復 ► restore a temple 寺を修復する

0813	
express [ɪksprés]	(考えなど)を表現する, を示す expression 图 表現 ► express *one's* view 意見を表明する

0814	
hide [haɪd]	隠れる, を隠す〈from ~から〉 ★ hide-hid-hidden ► hide under the desk 机の下に隠れる

0815	
announce [ənáuns]	を公表する〈to ~に〉, を知らせる announcement 图 アナウンス, 発表 ► announce the plan to the public 　世間にその計画を公表する

0816	
compete [kəmpí:t]	競争する〈with, against ~と〉, 匹敵する 〈with ~に〉 competition 图 競技 (会) ► compete with one another 互いに競い合う

0817	
retire [rɪtáɪər]	定年退職する, 引退する〈from ~から〉 retirement 图 退職, 引退 ► retire from work 退職する

単語編

A

でる度 B

C

Section 9　動詞

0802 イギリスなどの地域では「専攻する〈in ~を〉」
という意味で使われることもあるよ。

😊 113

0818		
wipe [waɪp]	を拭く ▶ wipe a table clean テーブルをきれいに拭く

0819		
broadcast [brɔ́:dkæst]	(を)放送する　图 (テレビなどの)放送(番組) ★ broadcast-broadcast [broadcasted] - broadcast [broadcasted] ▶ be broadcast live 生放送される

0820		
puzzle [pʌ́zl]	を当惑させる，を悩ます 图 難問，パズル ▶ I was puzzled which to buy. どちらを買おうか悩んだ。

0821		
earn [ə:rn]	(賃金など)を稼ぐ，(名声など)を得る earning 图 (~s)収入，所得 ▶ earn money お金を稼ぐ

0822		
combine [kəmbáɪn]	を結び付ける〈with ~と〉 combination 图 結合，組み合わせ ▶ combine theory with practice 理論を実践と結び付ける

0823		
bet [bet]	絶対…だと確信する，(を)賭ける〈on ~に〉 ★ bet-bet [betted] -bet [betted] ▶ I bet he'll win the game. 彼がその試合に勝つと私は確信している。

0824		
crash [kræʃ]	衝突する，墜落する〈into ~に〉 图 衝突，墜落 ▶ crash into a truck トラックに衝突する

0825		
wave [weɪv]	(手・旗など)(を)振る，波打つ 图 波 ▶ wave a handkerchief ハンカチを振る

0826		
dive [daɪv]	(頭から)飛び込む 图 飛び込み ▶ dive from a bridge into the river 橋の上から川に飛び込む

0827　　▲アクセント **overcome** [òuvərkám]	(困難など)に打ち勝つ, を克服する ★overcome-overcame-overcome ▶ overcome difficulties 困難に打ち勝つ
0828 **indicate** [índɪkèɪt]	を指し示す, を示す indication 图 指示, 兆候 ▶ indicate a place on the map 　地図上で場所を指し示す
0829　　▲発音 **exist** [ɪgzíst]	存在する, 生存する existence 图 存在, 生存 ▶ Dinosaurs don't exist anymore. 　もう恐竜は存在しない。
0830　　▲発音 **bear** [beər]	に耐える(⇔ give up), を産む, (be bornで) 生まれる ★bear-bore-borne [born] ▶ can't bear pain 痛みに耐えられない

名詞

0831 **identity** [aɪdéntəti]	身元, 同一物であること identify 動 を特定する, を確認する identification 图 身元確認, 身分証明(書) ▶ prove *one's* identity 身元を証明する
0832　　▲アクセント **atmosphere** [ǽtməsfìər]	大気, 雰囲気 atmospheric 形 大気(中)の, 雰囲気のある ▶ carbon dioxide in the atmosphere 　大気中の二酸化炭素
0833　　▲アクセント **contrast** [ká(:)ntræst]	対照 ▶ by contrast それとは対照的に
0834 **sunset** [sánsèt]	日没(⇔ sunrise) ▶ before sunset 日没前に

0830 bear「熊」は同音同綴の異義語だよ。　　115

chess
[tʃes]

チェス
► a chess tournament チェス大会

0836

kindergarten
[kíndərgà:rtən]

幼稚園
► take *one's* daughter to kindergarten
娘を幼稚園に連れて行く

0837 ⚠ 発音

length
[leŋkθ]

長さ
lengthen 動 を長くする
long 形 長い
► six meters in length 長さ6メートル

0838

contribution
[kà(:)ntrɪbjú:ʃn]

貢献, 寄付(金)
contribute 動 に貢献する
► make a contribution to education
教育に貢献する

0839 ⚠ アクセント

economics
[ì:kəná(:)mɪks]

経済学
economic 形 経済の
economy 名 経済, 節約
► major in economics 経済学を専攻する

0840

gap
[gæp]

すき間, 割れ目, 隔たり
► fill the gap すき間を埋める

0841 ⚠ 発音

wool
[wʊl]

羊毛
► a sweater made of wool
羊毛で作られたセーター

0842

tail
[teɪl]

しっぽ, 末端, 後部
► a cat with a short tail
しっぽの短いネコ

0843 ⚠ 発音

fiber
[fáɪbər]

繊維
► cotton fiber 綿繊維

0844		
humidity [hjumídəti]	湿気，湿度 humid 形 湿気の多い ► high humidity 多湿	

0845		
perfume [pə́:rfju:m]	香り，香水 ★香水のような香りに用いる ► the perfume of flowers 花の香り	

0846 ⚠発音		
feather [féðər]	羽 ► be light as a feather 羽のように軽い	

0847		
playground [pléɪgràund]	遊び場，運動場 ► a park with a playground 遊び場のある公園	

0848		
amusement [əmjú:zmənt]	楽しみ，娯楽 ► an amusement park 遊園地	

0849 ⚠アクセント		
semester [səméstər]	（2学期制の）学期 ► the second semester 2学期	

0850		
symbol [símbəl]	象徴，記号 symbolize 動 を象徴する symbolic 形 象徴的な ► a symbol of peace 平和の象徴	

0851		
operation [à(:)pəréɪʃən]	手術，（機械などの）運転，操作 operate 動 （機械など）を運転[操作]する ► perform an operation 手術を行う	

0852 ⚠発音		
tongue [tʌŋ]	舌，言語 ► stick out *one's* tongue 舌を出す	

0853 □□□ **occasion** [əkéɪʒən]	(特定の)時，場合，行事 occasional 形 時々の ► for a special occasion 特別な時 [行事] のために
0854 □□□ **envelope** [énvəlòup]	封筒 ► open the envelope 封筒を開ける
0855 □□□ ⚠ 発音 **rhythm** [ríðm]	リズム，調子 rhythmic, rhythmical 形 リズミカルな ► clap in rhythm リズムに合わせて手を打つ
0856 □□□ ⚠ 発音・アクセント **souvenir** [sù:vəníər]	土産，記念 (品) ► a souvenir of one's trip to Canada カナダ旅行の土産
0857 □□□ ⚠ アクセント **authority** [əːθɔ́:rəti]	当局，権威，権限 authorize 動 に権限を与える，を許可する ► the city authorities 市当局
0858 □□□ **cancer** [kǽnsər]	がん，悪性腫瘍 ► cure cancer がんを治す
0859 □□□ **tribe** [traɪb]	部族 tribal 形 部族の ► the chief of the tribe その部族の首長
0860 □□□ **birth** [bəːrθ]	出生，誕生 ► one's date of birth 生年月日
0861 □□□ **loan** [loun]	借金，ローン 動 (金) を貸す ► ask a bank for a loan 銀行に借金を求める

0862	⚠ アクセント	歴史学者
historian [hɪstɔ́:riən]		history 图 歴史 ▶ a famous historian 有名な歴史学者

0863		土，土壌
soil [sɔil]		▶ rich [poor] soil 肥えた [やせた] 土

0864	⚠ アクセント	経歴，背景
background [bǽkgràund]		▶ one's educational background 学歴

0865	⚠ 発音・アクセント	火山
volcano [vɑ(:)lkéɪnou]		▶ an active volcano 活火山

0866	⚠ アクセント	祖先 (⇔ descendant)
ancestor [ǽnsèstər]		▶ distant ancestors 遠い祖先

0867		工学
engineering [èndʒɪníəriŋ]		engineer 图 エンジニア，技師 ▶ study engineering 工学を学ぶ

0868		処方箋
prescription [prɪskrípʃən]		prescribe 動 を処方する ▶ give a prescription to a patient 患者に処方箋を出す

0869	⚠ 発音	秘書
secretary [sékrətèri]		▶ the president's secretary 社長秘書

0870		人を引き付けるもの，魅力
attraction [ətrǽkʃən]		attract 動 (注意・興味など) を引く attractive 形 魅力的な ▶ a tourist attraction 観光名所

0871 ⚠ 発音	報酬〈for ～への〉[≒ prize] (⇔ penalty)
reward [rɪwɔ́ːrd]	動 に報いる〈for ～に対して〉
	▶ a reward for *one's* efforts 努力に対する報酬

0872	健康診断, 検査, 点検
checkup [tʃékʌ̀p]	▶ get [have] a medical checkup 健康診断を受ける

0873	データベース
database [déɪtəbèɪs]	▶ a huge database 巨大なデータベース

0874 ⚠ 発音	爆弾
bomb [bɑ(ː)m]	▶ an atomic bomb 原子爆弾

0875 ⚠ 発音	石炭
coal [koʊl]	▶ use coal for fuel 燃料として石炭を使う

0876	ノンフィクション (作品)
nonfiction [nà(ː)nfíkʃən]	▶ prefer nonfiction to fiction フィクションよりノンフィクションを好む

0877	電信線, 針金
wire [wáɪər]	▶ electric wires 電線

0878	ブログ
blog [blɑ(ː)g]	▶ post a photo on *one's* blog ブログに写真を載せる

0879	肺
lung [lʌŋ]	▶ affect *one's* lung 肺に悪影響を及ぼす

単語編

でる度 **B**

Section 9 名詞

0880 ⚠発音
pump [pʌmp]

ポンプ
動 をポンプを使って送り込む，（を）くみ出す
► a gasoline pump
（ガソリンスタンドの）給油ポンプ

0881
fingerprint [fíŋgərprìnt]

指紋
► take *one's* fingerprints 指紋をとる

0882
poetry [póʊətri]

（文学の一形式としての）詩
poem 图（一編の）詩
poet 图 詩人
► a piece of poetry 一編の詩

0883
scar [skɑːr]

傷跡
► leave a scar on the skin 皮膚に傷跡を残す

0884
stain [steɪn]

しみ，汚れ
► remove the stains しみを取る

0885 ⚠発音
aluminum [əlúːmɪnəm]

アルミニウム
► aluminum foil アルミ箔

0886
freeway [fríːwèɪ]

高速道路 [≒ expressway]，（無料の）幹線道路
► drive on the freeway 高速道路を走る

0887
influenza [ìnfluénzə]

インフルエンザ [= flu]
► be in bed with influenza
インフルエンザで寝ている

0888 ⚠発音・アクセント
suburb [sʌ́bəːrb]

郊外
suburban 形 郊外の
► in the suburbs of Paris パリの郊外に

0889	
affection [əfékʃən]	愛情，愛着〈for ～への〉 affect 動 に影響を及ぼす ▶ feel affection for *one's* pet 　ペットへの愛情を感じる

0890	
artwork [á:rtwə̀:rk]	芸術 [工芸] 作品 ▶ fine pieces of artwork 　立派な芸術作品の数々

0891　⚠ 発音	
massage [məsá:ʒ]	マッサージ ▶ have a massage マッサージをしてもらう

0892	
tip [tɪp]	秘訣，ヒント，コツ ▶ provide useful tips 　役に立つヒントを提供する

形容詞

0893	
newborn [njú:bɔ̀:rn]	生まれたばかりの ▶ a newborn baby 　生まれたばかりの赤ちゃん，新生児

0894	
unexpected [ʌ̀nɪkspéktɪd]	意外な，予期しない（⇔ expected） ▶ an unexpected result 意外な結果

0895	
virtual [vá:rtʃuəl]	仮想の ▶ virtual reality 仮想現実

0896	
generous [dʒénərəs]	気前の良い，寛大な generosity 图 気前の良さ，寛容 ▶ be generous with *one's* money 　金銭に関して気前が良い

0897	商業の，営利的な
commercial [kəmə́ːrʃəl]	图 広告放送 commerce 图 商業 ▶ **commercial law** 商法

0898	学問の
academic [æ̀kədémɪk]	academy 图 専門学校，学会 ▶ *one's* **academic ability** 学力

0899	極度の，極端な
extreme [ɪkstríːm]	extremely 副 極めて ▶ **extreme fear** 極度の恐れ

副詞

0900	永久に (⇔ temporarily)
permanently [pə́ːrmənəntli]	permanent 形 永続的な，永久不変の ▶ **live in Tokyo permanently** 東京に永住する

1 下線部の語句の意味を答えましょう。

(1) **witness** a miracle　奇跡（を　　　　）

(2) **consist** of a lot of small parts
　　たくさんの小さな部品から（　　　　）

(3) prove a **theory**　（　　　　　）を証明する

(4) **rob** him of cash　現金を彼（から　　　）

(5) **except** Sunday　日曜日（を　　　　）

2 日本語に合うように（　　）に英単語を入れましょう。

(1) 家庭教師を雇う　　　　hire a（　　　　　）

(2) ペットへの愛情を感じる　feel（　　　　　）for *one's* pet

(3) 誤りを訂正する　　　　（　　　　　）errors

(4) 食料の生産を増やす　　increase food（　　　　）

(5) 失礼な返答　　　　　　a（　　　　）reply

3 下線部の単語の意味と，その反意語を答えましょう。

(1) make a **profit**　　　⇔ make a（　　　　）
　　（　　　　）を上げる

(2) **mental** health　　　⇔（　　　　）health
　　（　　　　）健康

正解

1 (1) を目撃する（→**0811**)　(2) 成る（→**0628**)　(3) 仮説（→**0637**)
　　(4) から奪う（→**0522**)　(5) を除いては（→**0700**)

2 (1) tutor（→**0654**)　(2) affection（→**0889**)　(3) correct（→**0511**)
　　(4) production（→**0530**)　(5) rude（→**0771**)

3 (1) loss ／利益（→**0525**)　(2) physical ／精神の（→**0588**)

でる度 **C**

単語編

差がつく応用単語 **400**

Section 10

動詞	

0901 ⚠ アクセント	を輸入する (⇔ export)
import [ɪmpɔ́ːrt]	图 [ímpɔːrt] 輸入 ▶ import wine from France 　フランスからワインを輸入する

0902 ⚠ 発音	変わる〈with ~によって〉，異なる，を変える
vary [véəri]	variation 图 変化　　variable 形 変わりやすい ▶ vary with the season 季節によって変化する

0903 ⚠ 発音	に値する
deserve [dɪzə́ːrv]	▶ an idea that deserves attention 　注目に値するアイデア

0904	(傷などが) 治る，(傷・病人) を治す
heal [hiːl]	(⇔ injure, harm, hurt) healing 图 治療，(形容詞的に) 治療の ▶ heal completely 完治する

0905	訴える〈to ~に〉，懇願する〈to ~に，for ~を求めて〉
appeal [əpíːl]	图 訴え，懇願 ▶ appeal to the public 世間に訴える

0906	強く主張する〈on ~を〉
insist [ɪnsíst]	insistence 图 主張 ▶ insist on coming with me 　私と一緒に来ると言い張る

0907	を成し遂げる
accomplish [əká(ː)mplɪʃ]	accomplishment 图 達成，業績 accomplished 形 熟達した ▶ accomplish a task 仕事を成し遂げる

0908	を嫌う (⇔ like)
dislike [dɪsláɪk]	▶ dislike being treated like a child 　子ども扱いされるのを嫌う

0909

bloom
[blu:m]

(花が)咲く
图 (主に観賞用植物の)花
blossom 图 (主に果樹類の)花
▶ bloom all the year round 1年中咲く

0910

refresh
[rɪfréʃ]

(気分)をさわやかにする, を元気づける
refreshment 图 (~s) 軽い飲食物
▶ refresh *oneself* with a cup of coffee
1杯のコーヒーで元気になる

0911

tremble
[trémbl]

震える
▶ tremble from being nervous 緊張で震える

0912

float
[flout]

浮かぶ〈on, in ~に〉(⇔ sink), 漂う
▶ Oil floats on water. 油は水に浮く。

0913

vote
[vout]

投票する〈for ~に賛成の, against ~反対の〉
图 投票, 票
▶ vote for a bill 法案に賛成票を入れる

0914

decline
[dɪkláɪn]

衰退する, (を)丁重に断る
图 衰退
▶ The printing industry is declining.
印刷産業は衰退している。

0915

refuse
[rɪfjúːz]

を拒否する〈to *do* ~すること〉(⇔ accept)
refusal 图 拒否
▶ refuse to answer the question
その質問に答えることを拒否する

0916　　⚠ アクセント

establish
[ɪstǽblɪʃ]

を設立する, を確立する
establishment 图 設立, 確立
▶ establish a company 会社を設立する

0917

oppose
[əpóuz]

に反対する(⇔ support), を対抗させる〈to, against ~に〉
opposition 图 反対　　opposite 厖 逆の
▶ strongly oppose a plan 計画に強く反対する

単語編でる度 C, 始まるよ〜! 😊

0918			を禁止する
ban			图 禁止
[bæn]			▶ ban smoking in public places
			公共の場所での喫煙を禁止する

0919	⚠ 発音	を変える，を改める，変わる
alter		▶ alter school education greatly
[ɔ́:ltər]		学校教育を著しく変える

0920		に言及する
mention		图 言及
[mén∫ən]		▶ as mentioned above 上で述べた通り

0921		を確かめる，を確証する
confirm		confirmation 图 確認，確証，承認
[kənfə́:rm]		▶ confirm a reservation 予約を確認する

0922		を負かす
defeat		图 敗北
[difí:t]		▶ defeat *one's* longtime rival
		長年のライバルを負かす

0923		を検出する，を感知する
detect		detective 图 探偵
[ditékt]		detection 图 発見，看破
		▶ detect radiation 放射能を検出する

0924		(受身形で) 夢中になる〈in ～に〉，(液体・音・光など)を吸収する
absorb		absorption 图 吸収
[əbzɔ́:rb]		▶ be absorbed in fishing 釣りに夢中だ

0925		(装置など)を設置する，(ソフトなど)をインストールする
install		图 インストール　　installation 图 設置
[instɔ́:l]		▶ install an air conditioner エアコンを設置する

0926	⚠ アクセント	を教育する
educate		education 图 教育
[édʒəkèit]		educational 形 教育的な
		▶ educate children 子どもを教育する

0927

stock

[stɑ(:)k]

(商品)を店に置いている，に補充する

图 在庫品，蓄え，株式

▶ stock various types of plants
さまざまな種類の植物を店に置いている

名詞

0928 ⚠ 発音

foundation

[faʊndéɪʃən]

基礎，団体，設立，根拠

found 動 を創設する

▶ the foundations of a tall building
高いビルの基礎

0929 ⚠ 発音

suggestion

[səgdʒéstʃən]

提案

suggest 動 を提案する，を示唆する

▶ make a suggestion 提案する

0930

resource

[ríːsɔːrs]

(通例 ~s)資源，資金，(いざというときの)手段

resourceful 形 対処の仕方が巧みな

▶ human resources 人的資源，人事部

0931

graduation

[grædʒuéɪʃən]

卒業〈from ~の〉

graduate 動 卒業する〈from ~を〉

▶ after graduation from high school
高校卒業後

0932

permission

[pərmíʃən]

許可 (⇔ prohibition)

permit 動 (を)許す

▶ without permission 許可なしに

0933

lecture

[léktʃər]

講演，講義，説教

動 (に)講演する，に説教する

▶ give a lecture 講演をする

0934

budget

[bʌ́dʒət]

予算，経費

▶ a small budget 少ない予算

0935 ⚠ アクセント	経営，管理
management [mǽnɪdʒmənt]	manage 動 を管理[経営]する，を何とかやり遂げる ▶ **business management** 事業経営

0936	国民，市民
citizen [síṭəzən]	▶ **become a citizen of the United States** アメリカ合衆国民になる

0937 ⚠ アクセント	候補者，志願者〈for ～の〉
candidate [kǽndɪdèɪt]	▶ **a candidate for President** 大統領候補者

0938 ⚠ アクセント	地理学，地理
geography [dʒiá(ː)grəfi]	geographical 形 地理学の，地理的な ▶ **study geography at university** 大学で地理学を勉強する

0939	選択権，選択の自由，選択肢
option [á(ː)pʃən]	optional 形 選択できる ▶ **have no option but (to) quit** one's **job** 仕事を辞めるほかに選択の余地がない

0940	要約
summary [sʌ́məri]	summarize 動 を要約する ▶ **in summary** 要約すると

0941	可能性〈of, for ～の〉(⇔ impossibility)
possibility [pà(ː)səbíləṭi]	possible 形 可能な　possibly 副 たぶん ▶ **a possibility of finding a new star** 新しい星を見つける可能性

0942	雇用 (⇔ unemployment)，勤務
employment [ɪmplɔ́ɪmənt]	employ 動 を雇う ▶ **create employment** 雇用を創出する

0943	支持者 (⇔ opponent)，後援者
supporter [səpɔ́ːrṭər]	support 動 を支持[支援]する ▶ **a supporter of ecotourism** エコツーリズムの支持者

単語編

A

B

でる度
C

Section 10 名詞

0944

consequence
[ká(:)nsəkwens]

結果，結論
► as a consequence 結果として

0945

criminal
[krímɪnəl]

犯罪者，犯人
形 犯罪の
crime 名 犯罪
► a dangerous criminal 危険な犯罪者

0946 ⚠ 発音

warmth
[wɔːrmθ]

暖かさ，温かさ，温情(⇔ hostility 敵意)
warm 形 暖かい，温かい
► wear a coat for warmth
暖かくするためにコートを着る

0947

branch
[bræntʃ]

支店，枝
動 枝を出す，分岐する
► the Singapore branch
シンガポール支店

0948

automobile
[ɔ́ːtəmoubìːl]

自動車
► own an automobile 自動車を所有する

0949

edge
[edʒ]

端，縁（ふち），（刃物の）刃
動 を縁取る〈with ～で〉
► on [at] the edge of town 町の外れで

0950

thunderstorm
[θʌ́ndərstɔ̀ːrm]

激しい雷雨
► be caught in a thunderstorm
激しい雷雨にあう

0951

documentary
[dà(:)kjuméntəri]

ドキュメンタリー（番組・映画），実録
形 実録の
► make a documentary
ドキュメンタリー番組を制作する

0952 ⚠ 発音

studio
[stjúːdiòu]

スタジオ，アトリエ
► a broadcast studio 放送スタジオ

0953	⚠発音	武器, 兵器
weapon [wépən]		▶ develop a strong weapon 強力な武器を開発する

0954	⚠発音・アクセント	手順, 手続き
procedure [prəsíːdʒər]		▶ follow the procedure 手順に従う

0955		評判, 名声
reputation [rèpjutéɪʃən]		▶ have a good reputation 評判が良い

0956	⚠発音	種 _{しゅ}
species [spíːʃiːz]		★単数・複数同じ形 ▶ the human species 人類

0957	⚠アクセント	物質, 実質
substance [sʌ́bstəns]		substantial 形 かなりの, 実質的な ▶ chemical substances 化学物質

0958		地位, 身分
status [stéɪṭəs]		▶ social status 社会的地位

0959		願望, 欲望, 欲求
desire [dɪzáɪər]		動 を強く望む ▶ a desire to be famous 有名になりたいという願望

0960		量
deal [diːl]		★deal「扱う」「取引き」は同音同綴の異義語 ▶ a great deal of money 大量の金

0961		バイオ燃料
biofuel [báɪoʊfjùːəl]		▶ make biofuel from food crops 食用作物からバイオ燃料を作る

0962

room
[ru:m]

余地，場所，部屋
▶ There is no room for improvement.
改善の余地がない。

0963

internship
[íntə:*r*nʃip]

インターンシップ，実習訓練（期間）
intern 图 インターン，実習訓練生
▶ do a summer internship
夏のインターンシップを行う

0964

wheel
[*h*wi:l]

車輪
▶ the front wheels of a car 車の前輪

0965

principal
[prínsəpəl]

校長，長
形 主要な，第一の
▶ the principal of a high school 高校の校長

0966

shot
[ʃɑ(:)t]

（ワクチンなどの）注射，シュート，
発砲
▶ get a shot 注射を打ってもらう

0967　　⚠発音

laundry
[lɔ́:ndri]

洗濯（物），クリーニング店
▶ hang the laundry outside
外に洗濯物を干す

0968

press
[pres]

（通例 the 〜）新聞，報道機関
動 （を）押す
▶ the local press 地方新聞

0969

fitness
[fítnəs]

健康，適合
fit 動 に適合する　形 適した，健康で
▶ physical fitness 身体の健康

0970

scenery
[sí:nəri]

風景，景色
scene 图 風景，場面，現場
▶ the beautiful scenery of Alaska
アラスカの美しい風景

0964 車いすは wheelchair だよ。
wheel と chair「いす」を組み合わせた単語だね。

133

0971			

figure
[fígjər]

数字，体型，人物
動 (を)計算する，だと判断する
► These figures show the profit for this month. これらの数字は今月の利益を表す。

0972			

disagreement
[dìsəgríːmənt]

意見の相違，不一致 (⇔ agreement)
disagree **動** 意見が食い違う
► a disagreement between parents
両親の間の意見の相違

形容詞

0973			

suitable
[súːtəbl]

適した〈for, to ～に〉(⇔ unsuitable)
suit **動** に似合う，に都合が良い
► a book suitable for children
子ども向けの本

0974			▲ 発音

guilty
[gílti]

罪悪感のある，有罪の (⇔ innocent)
► feel guilty about telling a lie
うそをつくことに罪悪感を覚える

0975			

inexpensive
[ìnɪkspénsɪv]

安価な [≒ cheap]
► an inexpensive restaurant
安価なレストラン

0976			

curious
[kjúəriəs]

好奇心の強い，知りたがる〈about ～について〉，奇妙な (⇔ ordinary)
curiosity **名** 好奇心
► be curious about everything 何でも知りたがる

0977			

ethnic
[éθnɪk]

民族的な
► one's ethnic background 民族的背景

0978			

leftover
[léftòuvər]

食べ残しの
名 (～s) 食べ残し
► leftover food 食べ残し

0979	潜在的な (⇔ actual)
potential	图 潜在 (能) 力, 可能性
[pətén∫əl]	▶ potential customers 潜在顧客

0980	一般的な (⇔ specific), 全体の
general	generally 副 一般に
[dʒénərəl]	▶ general education 一般教育 [教養]

0981	複雑な (⇔ simple), 複合の
complex	图 [ká(:)mplèks] 複合体
[kà(:)mpléks]	▶ a complex mathematical question
	複雑な数学の問題

0982 ⚠ アクセント	全般 [全体] 的な
overall	▶ the overall cost of a project 事業の総経費
[òuvərɔ́:l]	

0983 ⚠ 発音・アクセント	代わりの, 二者択一
alternative	图 代わりになるもの, 二者 (以上) 間の選択
[ɔ:ltə́:rnətɪv]	▶ alternative fuel 代替燃料

0984	追加の
additional	add 動 を加える addition 图 追加
[ədíʃənəl]	additionally 副 またさらに
	▶ an additional charge 追加料金

0985	元気の良い, 陽気な
cheerful	cheer 動 を元気づける
[tʃíərfəl]	▶ a cheerful girl 元気の良い女の子

0986	皇帝の, 帝国の
imperial	empire 图 帝国
[ɪmpíəriəl]	emperor 图 皇帝
	▶ the imperial family 皇室

0987	対面の
face-to-face	副 対面で
[fèɪstəféɪs]	▶ face-to-face communication
	対面コミュニケーション

単語編

でる度 **C**

Section 10 形容詞

0988	
informal [ɪnfɔ́ːrməl]	くだけた，非公式の (⇔ formal) informally 副 形式張らずに，非公式に ▶ informal clothes 普段着

0989	
eco-friendly [ìːkoʊfréndli]	環境に優しい ▶ eco-friendly materials 環境に優しい素材

0990	
secondhand [sèkəndhǽnd]	中古の [≒ used] 副 中古で ▶ a secondhand car 中古車

0991	
homeless [hóʊmləs]	家のない 名 (the ~ で集合名詞的に) ホームレス ▶ homeless people ホームレスの人々

0992	
sound [saʊnd]	健全な，安定した，妥当な ★ sound「音」は同音同綴の異義語 ▶ a sound mind [body] 健全な精神 [肉体]

0993	
scary [skéəri]	怖い，恐ろしい scare 動 をおびえさせる scared 形 おびえた ▶ a scary story 怖い話

0994	
classical [klǽsɪkəl]	古典的な，古典主義の ★ 0395 classic「最高水準の, 典型的な」と混同しないよう注意 ▶ classical music クラシック [古典派] 音楽

0995	
responsible [rɪspá(ː)nsəbl]	責任のある〈for (行為) に対して〉 responsibility 名 責任 ▶ be responsible for the accident その事故に対して責任がある

0996	
awake [əwéɪk]	目が覚めて (⇔ asleep) wake 動 目が覚める ▶ stay awake 目が覚めたままでいる

副詞

0997	わずかに
slightly [sláıtli]	slight 形 わずかな ► be slightly taller than me 　私よりもわずかに背が高い

0998	特別に，特に
specially [spéʃəli]	special 形 特別な ► be specially designed for children 　子ども向けに特別に設計された

0999	黙って，静かに [≒ quietly]
silently [sáıləntli]	silent 形 無言の，静かな ► read silently 黙読する

1000	うまくいけば，願わくば
hopefully [hóupfəli]	► Hopefully, I can finish the paper by Friday. うまくいけば，金曜日までに論文を仕上げられる。

動詞

1001	
settle [sétl]	定住する〈in ~に〉, (問題・紛争など)を解決する settlement 图 解決, 入植(地) ▶ decide to settle in New Zealand 　ニュージーランドに定住することを決める

1002 ⚠ アクセント	
inspire [ɪnspáɪər]	を奮い立たせる〈to *do* ~するよう〉 inspiration 图 創造的刺激, ひらめき ▶ inspire students to learn 　生徒を学ぼうという気にさせる

1003 ⚠ 発音	
launch [lɔ:ntʃ]	を発射する, を開始する, を売り出す 图 発射, 開始 ▶ launch a rocket into space 　宇宙にロケットを打ち上げる

1004	
define [dɪfáɪn]	を定義する〈as ~と〉, を明確に示す definition 图 定義　　definite 形 確かな ▶ define the meaning of a word 　単語の意味を定義する

1005 ⚠ 発音・アクセント	
insult [ɪnsʌ́lt]	を侮辱する 图 [ínsʌlt] 侮辱〈to ~に対する〉 ▶ feel insulted by a small joke 　軽い冗談で侮辱されたと感じる

1006	
deny [dɪnáɪ]	を否定する〈*doing* ~すること〉 denial 图 否定 ▶ deny having opened his letter 　彼の手紙を開封したことを否定する

1007	
compose [kəmpóuz]	(音楽・芸術など)を創作する, (受身形で)構成される〈of ~で〉 composition 图 構成, 作曲, 作品 ▶ compose a sonata ソナタを作曲する

1008	
dump [dʌmp]	(ゴミなど)を捨てる 图 ゴミ捨て場, ゴミの山 ▶ dump waste 廃棄物を捨てる

425	850	1275	1700

単語編

A

B

でる度 **C**

Section 11

動詞

1009

expire
[ikspáiər]

(期限が) 切れる
▶ My passport has expired.
　パスポートの期限が切れた。

1010　⚠ 発音

ease
[i:z]

を和らげる
图 たやすさ
easy 形 楽な
▶ ease the pain 痛みを和らげる

1011

rebuild
[rì:bíld]

を改築する, を再建する
★ rebuild-rebuilt-rebuilt
▶ rebuild an old house 古い家を改築する

1012

shorten
[ʃɔ́:rtən]

を短くする (⇔ lengthen)
short 形 短い
▶ shorten a sentence 文を短くする

1013

split
[splɪt]

を分ける 〈with ～と, into ～に〉
★ split-split-split
图 裂け目, ひび, 分裂
▶ split the cost with friends 費用を友人と分ける

1014

bleed
[bli:d]

出血する 〈from ～から〉
★ bleed-bled-bled
blood 图 血
▶ bleed from the nose 鼻血を出す

1015

reuse
[rì:jú:z]

を再利用する
▶ reuse a plastic cup
　プラスチック製のカップを再利用する

1016　⚠ アクセント

rewrite
[rì:ráit]

を書き直す
★ rewrite-rewrote-rewritten
▶ rewrite one's report レポートを書き直す

1017

restart
[rì:stá:rt]

を再開始する
▶ restart a computer
　コンピューターを再起動する

139

1018	
astonish [əstá(:)nɪʃ]	を驚かす ► be astonished to hear the news その知らせを聞いて驚く

1019	
beg [beg]	に懇願する⟨to do ~することを⟩ ► beg my parents to let me travel alone 1人旅をさせてくれるよう両親に懇願する

名詞

1020	
introduction [ìntrədʌ́kʃən]	序論, 導入, 紹介 introduce 動 を紹介する, を導入する ► start with an introduction 序論で始める

1021	
efficiency [ɪfíʃənsi]	効率, 能率 efficient 形 能率的な ► increase efficiency 効率を高める

1022	
complaint [kəmpléɪnt]	不平, 苦情 complain 動 不平を言う ► make a complaint 不平を言う

1023	
trial [tráɪəl]	裁判, 試み [≒ attempt] try 動 (を)試みる ► participate in a trial as a judge 裁判官として裁判に参加する

1024	⚠ アクセント
apology [əpá(:)lədʒi]	おわび, 謝罪⟨for ~に対する⟩ apologize 動 謝る ► an apology for not replying sooner すぐに返事をしなかったことへのおわび

1025	
rival [ráɪvəl]	競争相手, ライバル (⇔ supporter) ► one's closest rival 最も実力が接近している競争相手

単語編

A

B

でる度
C

Section 11

名詞

1026	
defense [dɪféns]	防御(力)，守備(力) (⇔ offense) defend 動 を防御する defender 名 防御者，守備者 ▶ a strong defense 強い防御力

1027 ⚠ アクセント	
equality [ɪkwá(:)ləţi]	平等 (⇔ inequality) equal 形 等しい，平等な equally 副 同程度に，等しく ▶ fight for equality 平等を求めて戦う

1028	
quantity [kwá(:)nţəţi]	量 (⇔ quality) ▶ a small quantity of water 少量の水

1029	
objection [əbdʒékʃən]	反対，異議 object 動 反対する ▶ raise an objection to a plan 　計画に反対する

1030	
reduction [rɪdʌkʃən]	減少，短縮，削減〈in ～における〉 reduce 動 を減らす ▶ reduction in working hours 　労働時間の減少 [短縮]

1031 ⚠ アクセント	
applicant [ǽplɪkənt]	志願者，応募者 apply 動 申し込む application 名 申し込み ▶ a successful applicant 採用された志願者

1032	
workshop [wə́:rkʃà(:)p]	研修会，ワークショップ ▶ hold a workshop 研修会を開く

1033 ⚠ 発音	
disadvantage [dìsədvǽnţɪdʒ]	不利な立場，不利(な点) (⇔ advantage) ▶ be at a disadvantage 不利な立場にある

1034 ⚠ 発音	
literature [líţərətʃər]	文学，文献 literary 形 文学の ▶ American literature アメリカ文学

1035	
creator [kri(:)éɪtər]	創作者 create 動 (を)つくり出す, (を)創作する creation 名 創造 ▶ a game creator ゲームクリエーター

1036	
frame [freɪm]	額縁, 枠, 骨組み ▶ put a picture in a frame 絵を額縁に入れる

1037 ⚠ アクセント	
confidence [ká(:)nfɪdəns]	自信, 信頼 (⇔ distrust) confident 形 確信して, 自信のある ▶ speak with confidence 自信を持って話す

1038	
cooperation [kouà(:)pəréɪʃən]	協力, 協調性 〈with ～との〉 cooperate 動 協力する ▶ in cooperation with co-workers 同僚と協力して

1039 ⚠ アクセント	
pioneer [pàɪəníər]	先駆者 〈in ～における〉, 開拓者 ▶ a pioneer in artificial intelligence research 人工知能の研究における先駆者

1040 ⚠ アクセント	
specialist [spéʃəlɪst]	専門家 (⇔ generalist) special 形 特別な specialize 動 専門とする ▶ among medical specialists 医学の専門家の間では

1041 ⚠ 発音・アクセント	
vocabulary [voukǽbjulèri]	語彙 ▶ have a large vocabulary 語彙が豊富である

1042	
wage [weɪdʒ]	(しばしば ～s) 給料, 賃金 ▶ raise *one's* monthly wages 月給を上げる

1043	
definition [dèfəníʃən]	定義 define 動 を定義する ▶ a narrow definition 狭義

| 425 | 850 | 1275 | 1700 |

1044 ⚠ アクセント

greenhouse
[grí:nhàus]

温室
► the greenhouse effect 温室効果

1045

accuracy
[ǽkjərəsi]

精度，正確さ (⇔ inaccuracy)
accurate 形 正確な
► predict the weather with great accuracy
高精度で天気を予測する

1046

depression
[dɪpréʃən]

憂うつ，うつ病，不景気
► cause depression and anxiety
憂うつや不安を引き起こす

1047

hurricane
[hə́:rəkèɪn]

ハリケーン
► a hurricane that hit Florida
フロリダを襲ったハリケーン

1048

inventor
[ɪnvéntər]

発明者，考案者
invent 動 を発明する　invention 名 発明
► the inventor of the telephone
電話の発明者

1049 ⚠ 発音・アクセント

architect
[ɑ́:rkɪtèkt]

建築家，設計者
architecture 名 建築，建築術
► a talented architect 才能ある建築家

1050

roof
[ru:f]

屋根
► a house with a brown roof 茶色い屋根の家

1051 ⚠ 発音

ceiling
[sí:lɪŋ]

天井 (⇔ floor)
► a room with a high ceiling 天井の高い部屋

1052

calculator
[kǽlkjulèɪtər]

計算機
calculate 動 を計算する
► with an electronic calculator
電子計算機で

単語編

A

B

でる度 **C**

Section 11 名詞

1044 greenhouse gas「温室効果ガス」も
環境問題に関連してよく使われる言葉だよ。

1053	⚠ 発音	保管, 貯蔵
storage [stɔ́ːrɪdʒ]		store 動 を蓄える, を貯蔵する ▶ storage space 保管スペース

1054		寮, (学校の)寄宿舎
dormitory [dɔ́ːrmətɔ̀ːri]		▶ live in a student dormitory 学生寮に住む

1055		洞窟, 洞穴
cave [keɪv]		▶ explore a cave 洞窟を探検する

1056		反響, こだま
echo [ékoʊ]		▶ An echo came back. こだまがかえってきた。

1057		代表者, 代理人〈of ～の〉
representative [rèprɪzéntətɪv]		形 代表する〈of ～を〉, 代理をする〈of ～の〉 ▶ a representative of the employees 従業員の代表者

形容詞

1058		前の, 先の [≒ previous] (⇔ present 現在の)
former [fɔ́ːrmər]		▶ the former secretary 前秘書

1059		広く行き渡った, 普及した (⇔ limited)
widespread [wáɪdsprèd]		▶ a widespread belief 広く行き渡った考え

1060		有益な, ためになる〈to ～に[の]〉[≒ useful] (⇔ harmful)
beneficial [bènɪfíʃəl]		benefit 名 利益, 恩恵 動 利益を得る ▶ be beneficial to the elderly 高齢者に有益だ

1061

historical
[hɪstɔ́(:)rɪkəl]

歴史の，歴史に関する
history 名 歴史
historic 形 歴史上有名な
► historical facts 歴史的事実

1062 ⚠ 発音・アクセント

ideal
[aɪdíːəl]

理想的な
名 理想
► the ideal person for the job
その仕事に理想的な人

1063

extinct
[ɪkstíŋkt]

絶滅した (⇔ living)，廃止された
extinction 名 絶滅
► become extinct 絶滅する

1064

creative
[kri(ː)éɪṭɪv]

創造的な，創造力のある
create 動 (を)つくり出す
creation 名 創造
► a creative piece of work 創造的な作品

1065

relevant
[réləvənt]

関連した〈to ～に〉(⇔ irrelevant)
► a question relevant to today's topic
今日の話題に関連した質問

1066

initial
[ɪníʃəl]

最初の [≒ first]
► the initial goal of the project
事業の最初の目標

1067

reasonable
[ríːzənəbl]

(値段が)手ごろな，道理をわきまえた
(⇔ unreasonable)，筋の通った
reason 名 理由，道理
► at a reasonable price 手ごろな価格で

1068 ⚠ 発音

appropriate
[əpróupriət]

適切な〈for, to ～に〉(⇔ inappropriate)
► a suit appropriate for a wedding
結婚式にふさわしいスーツ

1069 ⚠ 発音

obvious
[ɑ́(:)bviəs]

明らかな
obviously 副 明らかに
► be obvious to everyone
誰の目にも明らかである

1070			
permanent [pə́ːrmənənt]	永続的な，永久不変の (⇔ temporary) permanently 副 永久に ► **permanent residents of the United States** アメリカ合衆国の永住者

1071			
full-time [fùltáɪm]	常勤の，正規の (⇔ part-time) 副 常勤で ► **a full-time worker** 常勤者，正社員

1072			
challenging [tʃǽlɪndʒɪŋ]	やりがいのある ★「つらい」「厳しい」の意味を婉曲的に表す場合もある ► **a challenging job** やりがいのある仕事

1073			
complicated [ká(ː)mpləkèɪt̬ɪd]	複雑な，ややこしい complicate 動 を複雑にする complication 图 複雑化，複雑な状態 ► **complicated structure** 複雑な構造

1074			
dramatic [drəmǽt̬ɪk]	劇的な，演劇の drama 图 戯曲，演劇 dramatically 副 劇的に ► **have a dramatic effect** 劇的な効果がある

1075			
innocent [ínəsənt]	無罪の〈of ～に〉(⇔ guilty)，無邪気な innocence 图 無罪，無邪気 ► **hurt innocent people** 罪のない人々を傷つける

1076			
reliable [rɪláɪəbl]	信頼できる [≒ trustworthy] (⇔ unreliable) rely 動 頼る ► **a reliable source of information** 信頼できる情報源

1077			
stable [stéɪbl]	安定した (⇔ unstable) stability 图 安定 stabilize 動 を安定させる ► **a stable economy** 安定した経済

1078	⚠ アクセント		
unnecessary [ʌnnésəsèri]	不要な ► **avoid unnecessary details** 不要な詳細を避ける

1079	
rapid [rǽpɪd]	急速な〈⇔ gradual〉 ▶ **rapid growth** 急速な増加，急成長

1080	
regional [rí:dʒənəl]	地方の，局地的な region 图 地域，地方 ▶ **a regional government** 地方自治体

1081 ⚠ 発音	
vital [váɪṭəl]	極めて重要な，不可欠な〈⇔ unnecessary〉 ▶ **It is vital to keep sending supplies.** 　物資を送り続けることが極めて重要だ。

1082 ⚠ 発音・アクセント	
adequate [ǽdɪkwət]	十分な〈for ～のために〉〈⇔ inadequate〉 adequacy 图 十分，妥当性 ▶ **have adequate food for two** 　2人には十分な食料がある

1083	
formal [fɔ́:rməl]	正式の [≒ official]，（服装が）正装の 〈⇔ casual〉 ▶ **a formal announcement** 正式な発表

1084 ⚠ 発音	
smooth [smu:ð]	円滑に動く，なめらかな〈⇔ uneven, rough〉 smoothly 副 なめらかに ▶ **Preparations make a trip smooth.** 　準備が旅行を円滑にする。

1085 ⚠ アクセント	
opposite [á(:)pəzɪt]	逆の，反対の〈to ～と〉 图 (the ～)反対のもの　前 ～の向かい側に ▶ **be opposite to** *one's* **expectation** 　予想と逆である

副詞

1086	
definitely [défənətli]	間違いなく definite 形 確かな，確信して ▶ **The project was definitely a success.** 　プロジェクトは間違いなく成功だった。

1087	
totally [tóuṭəli]	全く，すっかり [≒ completely] (⇔ partly) total 形 全体の，全くの ► **be totally different from others** ほかのものと全く違う

1088	
separately [sépərətli]	離れて，別々に (⇔ together) separate 形 離れた，別々の 動 を離す ► **live separately from** *one's* **parents** 両親と離れて暮らす

1089	
steadily [stédɪli]	着実に steady 形 安定した ► **improve steadily** 着実に上達する

1090	
importantly [ɪmpɔ́:rtəntli]	重要なことには important 形 重要な importance 名 重要性 ► **most importantly** 最も重要なことには

1091	
terribly [térəbli]	ひどく，とても [≒ very, extremely] terrible 形 ひどい ► **be terribly upset** ひどく動揺している

1092	
effectively [ɪféktɪvli]	効果的に，有効に effective 形 効果的な ► **use robots effectively** ロボットを効果的に使用する

1093	
basically [béɪsɪkəli]	基本的には basic 形 基礎の ► **be basically right** 基本的には正しい

1094	
constantly [ká(:)nstəntli]	いつでも，絶えず (⇔ occasionally) constant 形 絶えず続く，不変の ► **She's constantly complaining.** 彼女はいつでも不平を言っている。

1095	
negatively [négəṭɪvli]	否定的に，消極的に negative 形 否定の，好ましくない，消極的な ► **negatively affect the economy** 経済に悪い影響を及ぼす

1096	
independently [ìndɪpéndəntli]	独立して，自主的に independent 形 独立した independence 名 独立 ▶ **live independently** 独立して生活する
1097	
truly [trúːli]	本当に [≒ really]，実に true 形 真実の，本当の　　truth 名 真実 ▶ **truly great classical music** 　本当に偉大なクラシック音楽
1098	
economically [ìːkəná(ː)mɪkəli]	経済的に economical 形 経済的な ▶ **economically developed countries** 　経済的に発展した国々

前置詞

1099	⚠ アクセント
throughout [θruːáʊt]	～の間中ずっと，～の至るところで ▶ **throughout the year** 1年中ずっと
1100	
plus [plʌs]	～を加えて (⇔ minus)，～に加えて ▶ **plus consumption tax** 消費税を加えて

動詞

1101	
direct [dərékt]	を指揮する，を向ける〈to, toward, at ~に〉 direction 图 指示，方向 ▶ direct traffic 交通整理をする

1102	
admit [ədmít]	を認める (⇔ deny) admission 图 入場許可，承認 ▶ admit that he is guilty 　彼に罪があることを認める

1103	
regret [rɪgrét]	を後悔する 图 後悔，悲しみ regretful 形 残念に思っている ▶ regret my words 自分の言ったことを後悔する

1104 ⚠ アクセント	
predict [prɪdíkt]	(を) 予測する，(を) 予言する prediction 图 予測，予言 ▶ Prices are predicted to rise. 　価格は上昇することが予測されている。

1105 ⚠ 発音	
cough [kɔːf]	咳をする 图 咳 ▶ cough badly ひどく咳をする

1106	
commute [kəmjúːt]	通勤 [通学] する ▶ commute by train 電車で通勤 [通学] する

1107 ⚠ 発音	
resist [rɪzíst]	を我慢する，に抵抗する resistance 图 抵抗 resistant 形 抵抗力のある〈to ~に〉 ▶ can't resist sweets 甘いものに目がない

1108	
inherit [ɪnhérət]	を継ぐ，を相続する〈from ~から〉 ▶ inherit a large fortune from *one's* father 　父から大きな財産を継ぐ

1109	⚠ 発音	を犠牲にする〈to, for ～のために〉
sacrifice [sǽkrɪfàɪs]		图 犠牲 ▶ sacrifice *one's* free time to *one's* work 仕事のために自由時間を犠牲にする

1110	⚠ 発音・アクセント	をほのめかす，を暗に示す
imply [ɪmpláɪ]		implication 图 暗示 ▶ imply that he is wrong 彼は間違っているとほのめかす

1111		を許容する，を我慢する，に耐える
tolerate [tá(ː)lərèɪt]		[≒ bear, put up with] ▶ tolerate her rude behavior 彼女の失礼な態度を許容する

1112	⚠ 発音	どなる，叫ぶ [≒ shout]
yell [jel]		▶ yell at the children 子どもたちに向かってどなる

1113		(義務や税)を課す
impose [ɪmpóʊz]		▶ impose a tax on sugar 砂糖に税金を課す

1114	⚠ 発音・アクセント	を保証する
guarantee [gæ̀rəntíː]		图 保証 ▶ be guaranteed for one year 1年間の保証がある

1115	⚠ アクセント	代わりをする，を代わりに用いる〈for ～の〉
substitute [sʌ́bstɪtjùːt]		图 代わりとなる人 ▶ substitute for *one's* boss 上司の代わりを務める

1116		崩壊する
collapse [kəlǽps]		图 崩壊 ▶ The building collapsed. その建物は崩壊した。

1117		を承認する，良いと認める〈of ～を〉
approve [əprúːv]		(⇔ disapprove) approval 图 承認 ▶ approve a plan 計画を承認する

単語編

A

B

でる度 **C**

Section 12 動詞

1118	⚠ 発音・アクセント	邪魔する〈with 〜を〉, 干渉する〈with 〜に〉

interfere
[ìntərfíər]

邪魔する〈with 〜を〉, 干渉する〈with 〜に〉
interference 图 妨害, 干渉
► interfere with *one's* work 仕事を邪魔する

1119

compensate
[ká(:)mpənsèit]

に埋め合わせをする〈for 〜に対して〉
compensation 图 補償
► compensate him for his loss
彼に対して損害の埋め合わせをする

1120 ⚠ 発音

feature
[fí:tʃər]

(映画などで)を主演させる, (新聞などで)を特集する 图 特徴
► feature young actors
若い俳優たちを主演させる

1121

bite
[bait]

(を)かむ, (を)刺す
★ bite-bit-bitten
图 かむこと, 軽食, ひとかじり
► be bitten by a mosquito 蚊に刺される

名詞

1122 ⚠ 発音

fault
[fɔ:lt]

責任, 欠点(⇔ strength)
► The poor exam result was his own
fault. できの悪い試験結果は彼自身の責任だ。

1123

foreigner
[fɔ́(:)rənər]

外国人
foreign 形 外国の
► be treated as a foreigner
外国人として扱われる

1124

eyesight
[áisàit]

視力
► have good eyesight 視力が良い

1125

reminder
[rimáindər]

リマインダー, 思い起こさせるもの
remind 動 に思い出させる
► receive a reminder リマインダーを受け取る

1126 ⚠ アクセント

forecast
[fɔ́:rkæst]

（天気）予報，予測
動 （天気）を予報する，を予測する
▶ the weather forecast for tomorrow
明日の天気予報

1127

scholarship
[skɑ́(:)lərʃìp]

奨学金，学識
scholar 名 奨学生，学者
▶ receive a scholarship 奨学金を受ける

1128

breeze
[bri:z]

そよ風
▶ feel the sea breeze 海風を感じる

1129

sculpture
[skʌ́lptʃər]

彫刻（作品）
▶ a piece of sculpture 彫刻作品1点

1130 ⚠ 発音

exception
[ɪksépʃən]

例外
except 前 ～を除いては
▶ without exception 例外なく

1131 ⚠ 発音

luggage
[lʌ́gɪdʒ]

手荷物 [= baggage]，旅行用スーツケース
▶ a piece of luggage 手荷物1個

1132

altitude
[ǽltɪtjùːd]

高度，海抜
▶ an altitude of 3,000 feet
高度3,000フィート

1133

handout
[hǽndàut]

配付資料
▶ prepare a handout 配付資料を用意する

1134

lens
[lenz]

レンズ
▶ contact lenses コンタクトレンズ

1126 動 forecast の活用は
forecast-forecast [forecasted] -forecast [forecasted] だよ。

1135	傑作，名作
masterpiece [mǽstərpìːs]	▶ copy a masterpiece 名作を模写する
1136	見知らぬ人，他人
stranger [stréɪndʒər]	strange 形 奇妙な，見知らぬ ▶ trust strangers 見知らぬ人を信頼する
1137	挿絵，説明画
illustration [ìləstréɪʃən]	▶ add illustrations to a book 本に挿絵を加える
1138	業績，成果
accomplishment [əká(ː)mplɪʃmənt]	accomplish 動 を成し遂げる ▶ an impressive accomplishment 感銘を与える業績
1139	胸（部）
chest [tʃest]	▶ chest pains 胸の痛み
1140	心臓の鼓動
heartbeat [háːrtbìːt]	▶ a regular heartbeat 正常な心拍
1141	マスク，面
mask [mæsk]	▶ put on a face mask マスクをつける
1142	台本
script [skrɪpt]	▶ write a script 台本を書く
1143	明るさ，鮮やかさ
brightness [bráɪtnəs]	bright 形 明るい ▶ adjust the brightness of the screen 画面の明るさを調節する

1144
encouragement
[ɪnkə́:rɪdʒmənt]

励ましとなるもの，奨励，促進
encourage 動 を促す〈to do ～するよう〉，を勇気づける
▶ a great encouragement 大きな励み

1145 ⚠ 発音・アクセント
profile
[próʊfaɪl]

プロフィール，人物紹介，略歴
▶ teachers' profiles 先生たちのプロフィール

1146
joy
[dʒɔɪ]

喜び，うれしさ(⇔ sorrow)
joyful 形 喜ばせる，うれしい
▶ be filled with joy 喜びでいっぱいの

1147
trade
[treɪd]

貿易，商売
動 貿易をする〈in ～を，with ～と〉，を交換する〈with ～と〉
▶ free trade 自由貿易

1148
value
[vǽljuː]

価値，値段
動 を尊重する，を見積もる
valuable 形 高価な，有益な
▶ the value of good health 健康の価値

1149
version
[və́:rʒən]

(製品などの)型，(出版物などの)版
▶ the latest version 最新型[版]

1150
comment
[ká(:)mènt]

論評，意見，コメント
動 論評する〈on, about ～について〉
▶ make a comment on the matter
　その件についてコメントする

1151
rumor
[rúːmər]

うわさ
▶ spread a rumor うわさを広める

1152
fiction
[fíkʃən]

(架空の)物語，フィクション(⇔ fact)
fictional 形 架空の
▶ a work of fiction フィクションの作品，小説

1153		
faith [feɪθ]	信頼，信用 ► have faith in his judgment 彼の判断力を信頼している

1154		
duty [djúːţi]	職務，義務 ► carry out *one's* duties 職務を果たす

1155		
proposal [prəpóuzəl]	提案（書），計画案 propose 動 を提案する，結婚を申し込む〈to ～に〉 ► an alternative proposal 代案

1156	⚠ 発音	
debt [det]	借金 ► I am in debt. 私は借金をしている。

1157		
barrier [bǽriər]	障壁，障害 ► a language barrier 言葉の壁

1158		
disaster [dɪzǽstər]	天災，災難 disastrous 形 破滅的な，悲惨な ► a natural disaster 自然災害

1159		
cigarette [sígərèt]	巻きたばこ ► smoke a cigarette 巻きたばこを吸う

形容詞

1160	⚠ アクセント	
absolute [ǽbsəljùːt]	完全な，絶対的な[≒ complete]（⇔ relative 相対的な） absolutely 副 絶対に，（返事として）もちろん ► have absolute trust 完全に信頼している

1161	⚠ アクセント	独立した〈of 〜から〉(⇔ dependent)

independent
[ìndɪpéndənt]

independence 图 独立
▶ **an independent nation** 独立国家

1162		全体の, 完全な

entire
[ɪntáɪər]

entirely 副 完全に
▶ **the entire population** 総人口

1163	⚠ 発音	有能な, できる〈of 〜が〉(⇔ incapable)

capable
[kéɪpəbl]

capability 图 能力, 才能
capacity 图 容量, 能力
▶ **a capable doctor** 有能な医師

1164	⚠ 発音	以前の, 前の, 先の(⇔ later)

previous
[príːviəs]

previously 副 前に, 以前に
▶ **previous studies** 以前の研究

1165		不明確な

unclear
[ʌnklíər]

▶ **unclear instructions** 不明確な指示

1166		確信がない, 確かでない

unsure
[ʌnʃʊ́ər]

▶ **be unsure (of) where she is now**
彼女が今どこにいるのか確信がない

1167		信じられない(⇔ believable), 驚くほど素晴らしい

unbelievable
[ʌnbəlíːvəbl]

▶ **an unbelievable mistake**
信じられないような誤り

1168	⚠ 発音	心地の良くない(⇔ comfortable)

uncomfortable
[ʌnkʌ́mfətəbl]

▶ **uncomfortable shoes** 履き心地が悪い靴

1169		余分の, 予備の

spare
[speər]

▶ **in one's spare time** 余暇に

接頭辞 un- には「否定・反対」の意味があるよ。
p.222 ではほかの接頭辞も紹介しているので見てみてね。

1170 **exclusive** [ɪksklúːsɪv]	高級な，排他的な(⇔ inclusive) ▶ an exclusive hotel 高級ホテル
1171 ⚠ 発音 **rough** [rʌf]	大まかな(⇔ exact)，粗い(⇔ smooth)， 乱暴な(⇔ gentle) roughly 副 おおよそ，手荒く ▶ a rough draft 下書き
1172 **farther** [fάːrðər]	もっと遠い 副 もっと遠くに ▶ be farther than I expected 予想したよりも遠い
1173 ⚠ アクセント **ridiculous** [rɪdíkjʊləs]	ばかげた(⇔ sensible) ▶ a ridiculous decision ばかげた決断
1174 **royal** [rɔ́ɪəl]	王室の，国王 [女王] の ▶ the royal family 王族，王室の一族
1175 ⚠ 発音 **pleasant** [plézənt]	快い，気持ちの良い please 動 を喜ばせる pleasantly 副 愉快に，楽しく ▶ have a pleasant evening 快い晩を過ごす
1176 **precious** [préʃəs]	貴重な，高価な(⇔ worthless) ▶ precious memories 貴重な思い出
1177 **nonprofit** [nὰ(ː)nprά(ː)fət]	非営利的な ▶ a nonprofit organization (= NPO) 非営利団体
1178 **messy** [mési]	散らかった，汚い(⇔ tidy) mess 名 取り散らかしたもの ▶ a messy room 散らかった部屋

1179

romantic
[roʊmǽnṭɪk]

恋愛の，ロマンチックな，空想的な
romance 图 恋愛，ロマンス
▶ a romantic comedy 恋愛コメディ，ラブコメ

1180

rooftop
[rúːftà(ː)p]

屋上［屋根］にある
图 屋上，屋根
▶ a rooftop garden 屋上庭園

1181

embarrassed
[ɪmbǽrəst]

きまりの悪い，恥ずかしい
▶ be embarrassed to fall over on the stage ステージ上で転んできまりが悪い

1182

ugly
[ʌ́gli]

醜い(⇔ beautiful)，見苦しい
▶ an ugly building 醜い建物

1183

unwanted
[ʌ̀nwɑ́(ː)nṭɪd]

不必要な，望まれていない
[≒ unnecessary]
▶ an unwanted gift 不要な贈り物

1184

carry-on
[kǽriɑ̀(ː)n]

機内持ち込みの
▶ a carry-on bag 機内持ち込みの手荷物

1185 ⚠ 発音

shiny
[ʃáɪni]

光る，光沢のある
shine 動 輝く，光る 图 光，光沢
▶ shiny hair 光沢のある髪

1186

up-to-date
[ʌ̀ptədéɪt]

最新 (式) の
▶ up-to-date facilities 最新式設備

1187

salty
[sɔ́(ː)lti]

塩気のある，塩分の多い
salt 图 塩
▶ salty food 塩分の多い食べ物

副詞

1188

possibly
[pá(:)səbli]

もしかしたら，たぶん
possible 形 可能な，あり得る
► He's possibly the best singer ever.
　もしかしたら彼は史上最高の歌手かもしれない。

1189

purely
[pjúərli]

全く，純粋に，混じり気なく
pure 形 混じり物のない，純粋な
► be purely accidental 全く偶然である

1190

otherwise
[ʌ́ðərwàɪz]

(接続詞的に)そうでなければ
► Hurry up. Otherwise, you'll miss the train.
　急いで。そうでないと，電車に乗り遅れるよ。

1191

randomly
[rǽndəmli]

無作為に
random 形 無作為の
► randomly choose one from five
　無作為に5つの中から1つを選ぶ

1192

amazingly
[əméɪzɪŋli]

驚くほど，驚くべきことに
amazing 形 驚くべき
► an amazingly good idea 驚くほど良い考え

1193

visually
[víʒuəli]

視覚的に，外見は
visual 形 視覚の
► be visually attractive 視覚的に魅力的である

1194

individually
[ìndɪvídʒuəli]

個々に，個別に
individual 形 個々の 名 個人
► talk to students individually
　生徒と個々に話す

1195 ⚠ アクセント

temporarily
[tèmpərérəli]

一時的に
temporary 形 一時的な
► be temporarily unavailable
　一時的に利用不可能である

1196

exceptionally
[ɪksépʃənəli]

並外れて，例外として
exceptional 形 例外的な
exception 名 例外
► exceptionally well 並外れて良好に

160

1197	中途で，半分だけ
halfway [hǽfwéɪ]	形 中間の ▶ halfway between *one's* office and *one's* home 会社と自宅の中間で

1198	客観的に
objectively [əbdʒéktɪvli]	objective 形 客観的な ▶ look at things objectively 客観的に物事を見る

1199	流ちょうに
fluently [flúːəntli]	fluent 形 流ちょうな ▶ speak English fluently 流ちょうに英語を話す

1200	無邪気に，知らないふりをして
innocently [ínəsəntli]	innocent 形 無罪の，無邪気な innocence 名 無罪，無邪気 ▶ play innocently 無邪気に遊ぶ

動詞

1201　　⚠ アクセント **construct** [kənstrʌ́kt]	を建設する，を組み立てる (⇔ destroy) construction 图 建設 (工事) constructive 彫 建設的な ▶ **construct a bridge** 橋を建設する
1202　　**instruct** [ɪnstrʌ́kt]	に指示する ⟨to *do* ～するよう⟩ instruction 图 (～s) 指示，使用説明書 ▶ **instruct us to leave** 　私たちに立ち去るよう指示する
1203　　**escape** [ɪskéɪp]	逃げる ⟨from ～から⟩ 图 逃亡，脱出 ▶ **escape from jail** 刑務所から脱走する
1204　　**divide** [dɪváɪd]	を分ける，を分割する ⟨into ～に⟩ division 图 分割 ▶ **divide the students into groups** 　生徒たちをグループに分ける
1205　　**arrest** [ərést]	を逮捕する ⟨for ～の罪で⟩ (⇔ release) 图 逮捕 ▶ **arrest him for theft** 窃盗罪で彼を逮捕する
1206　　⚠ アクセント **reject** [rɪdʒékt]	を拒絶する，を断る (⇔ accept) rejection 图 拒絶 ▶ **reject an offer** 申し出を断る
1207　　**punish** [pʌ́nɪʃ]	を罰する ⟨for ～で⟩ punishment 图 罰 ▶ **be punished for being late** 　遅刻して罰せられる
1208　　⚠ アクセント **pretend** [prɪténd]	(の) ふりをする ⟨to *do* ～する⟩ pretense 图 ふり ▶ **pretend to be ill** 病気のふりをする

1209
ship
[ʃɪp]

を送る，を輸送する
图 船
► ship goods by rail 商品を鉄道便で送る

1210 ⚠ アクセント
stimulate
[stímjulèɪt]

を刺激する〈to *do* ～するよう〉
stimulation 图 刺激
► stimulate him to make efforts
彼を刺激して努力させる

1211 ⚠ アクセント
differ
[dífər]

違う〈from ～と〉
different 形 異なる，違った　difference 图 違い
► completely differ from the first edition
第1版とは全く違う

1212
accompany
[əkʌ́mpəni]

に同行する〈to ～まで〉，に伴って起こる
► accompany you to your hotel
ホテルまであなたに同行する

1213 ⚠ アクセント
confess
[kənfés]

告白する〈to ～を〉，を告白する〈to ～に〉
confession 图 告白
► confess to a crime 罪を告白する

1214
injure
[índʒər]

にけがをさせる
injury 图 けが
► be injured in a car accident
自動車事故でけがをする

1215
explore
[ɪksplɔ́ːr]

(を)探検する，(を)調査する
exploration 图 探検
► explore an unknown island
未知の島を探検する

1216
hug
[hʌɡ]

を抱きしめる
图 抱擁
► hug a child tightly
子どもをしっかりと抱きしめる

1217
translate
[trǽnsleɪt]

を翻訳する〈into ～に〉
translation 图 翻訳(物)
► translate English into Japanese
英語を日本語に翻訳する

1218	
rescue [réskju:]	を救助する〈from ～から〉 图 救助 ▶ rescue a man from the burning building 男性を燃えている建物から救助する

1219 ⚠ アクセント	
ignore [ɪgnɔ́:r]	を無視する (⇔ pay attention to) ignorance 图 無知 ignorant 形 無知な ▶ ignore a red light 赤信号を無視する

1220	
reverse [rɪvə́:rs]	を逆にする 图 (the ～) 逆 形 逆の ▶ reverse the order 順序を逆にする

1221 ⚠ 発音	
wrap [ræp]	を包む (⇔ unpack)，を巻きつける wrapping 图 包装材料 ▶ wrap (up) a present プレゼントを包装する

1222	
admire [ədmáɪər]	を称賛する〈for ～の理由で〉 admiration 图 称賛　admirable 形 見事な ▶ admire him for his honesty 彼の正直さを称賛する

1223	
force [fɔ:rs]	に強いる〈to do ～することを〉 图 力，暴力，軍隊 ▶ force him to retire 彼に退職を強いる

1224	
seek [si:k]	をさがす [≒ look for]，努める〈to do ～しようと〉，探求する〈for ～を〉 ★ seek-sought-sought ▶ seek employment 職をさがす

1225	
conclude [kənklú:d]	と結論を下す，を締結する conclusion 图 結論 ▶ conclude that the plan was successful その計画は成功したと結論を下す

1226	
criticize [krítəsàɪz]	を非難する〈for ～のことで〉，を批評する criticism 图 非難，批評　critic 图 批評家 ▶ criticize me for my decision 私の判断を非難する

1227 ⚠ アクセント

protest
[prətést]

(に)抗議する〈against ~に〉

名 [próʊtest] 抗議

▶ protest against violence 暴力に抗議する

1228

encounter
[ɪnkáʊntər]

に遭遇する，に直面する

名 遭遇

▶ encounter problems 問題に直面する

1229

breed
[bri:d]

を飼育する，を栽培する，を繁殖させる

★ breed-bred-bred

名 品種

▶ breed cows for milk 搾乳用に牛を飼育する

1230 ⚠ 発音

praise
[preɪz]

を称賛する，を褒める

名 称賛

▶ a highly praised book 絶賛された本

1231

trace
[treɪs]

(の跡)をたどる，をなぞる

名 跡

▶ trace the history of Japan
日本の歴史をたどる

1232

seal
[si:l]

に封をする，を密封する

名 印鑑，封印，目張り

▶ seal an envelope 封筒に封をする

1233

resemble
[rɪzémbl]

に似ている〈in ~の点で〉

resemblance 名 類似点

▶ resemble *one's* mother in character
母親に性格が似ている

1234

delight
[dɪláɪt]

を喜ばせる〈with ~で〉

名 大喜び，喜びを与えるもの

▶ delight her with the present
プレゼントで彼女を喜ばせる

1235 ⚠ 発音

pause
[pɔ:z]

(一時的に)休止する(⇔ continue)

名 休止，中止

▶ pause for one second 1秒間休止する

1236 ⚠ アクセント **demonstrate** [démənstrèɪt]	を論証する，を実演する，デモをする demonstration 图 実演，デモ ▶ **demonstrate that the theory is right** 理論が正しいことを証明する
1237 **propose** [prəpóuz]	を提案する，結婚を申し込む〈to ～に〉 proposal 图 提案(書)，計画案 ▶ **propose a plan** 計画を提案する
1238 **reflect** [rɪflékt]	を反射する，を反映する，熟考する〈on ～を〉 reflection 图 反射，熟考 ▶ **reflect sunlight** 日光を反射する
1239 **blow** [blou]	を吹き飛ばす，を吹く，(風が)吹く ★ blow-blew-blown ▶ **blow dust away** ほこりを吹き飛ばす
1240 ⚠ アクセント **obey** [oʊbéɪ]	(命令・規則など)に従う (⇔ disobey) obedience 图 服従，順守 obedient 形 従順な ▶ **obey traffic rules** 交通規則に従う
1241 **forbid** [fərbíd]	を禁止する [≒ prohibit] ★ forbid-forbade-forbidden ▶ **Taking photographs is forbidden.** 写真撮影は禁止されている。
1242 ⚠ アクセント **fulfill** [fʊlfíl]	を実現させる，を果たす (⇔ neglect) ▶ **fulfill *one's* dream** 夢を実現させる
1243 **burst** [bə:rst]	を破裂 [爆発] させる，破裂 [爆発] する ★ burst-burst-burst 图 爆発，破裂 ▶ **burst a balloon** 風船を破裂させる

名詞

1244

ankle
[ǽŋkl]

足首
▶ twist *one's* ankle 足首をひねる

1245

jungle
[dʒʌ́ŋgl]

ジャングル
▶ be discovered in the jungle
ジャングルで発見される

1246

novelist
[nά(:)vəlɪst]

小説家
novel 图 小説
▶ a best-selling novelist ベストセラー小説家

1247

emperor
[émpərər]

皇帝，天皇
empire 图 帝国
imperial 形 皇帝の，帝国の
▶ the Roman emperor ローマ皇帝

1248

critic
[krítɪk]

批評家
criticize 動 を非難する，を批評する
critical 形 批判的な，重大な
▶ a literary critic 文芸評論家

1249

repairperson
[rɪpéərpə̀:rsən]

修理工
▶ send a repairperson 修理工を派遣する

1250

Buddhist
[búdɪst]

仏教徒
▶ She's a Buddhist. 彼女は仏教徒である。

1251 ⚠ 発音

warning
[wɔ́:rnɪŋ]

警告，注意
warn 動 (に) 警告する〈to *do* 〜するように，about 〜を〉
▶ ignore a warning 警告を無視する

1252	
revolution [rèvəlúːʃən]	革命 revolutionary 形 革命の ▶ the French Revolution フランス革命
1253	
unit [júːnɪt]	単位，構成部品，ユニット ▶ a unit of measurement 測定単位
1254	
housework [háʊswɜ̀ːrk]	家事 ▶ do housework 家事をする
1255	
path [pæθ]	小道 [= footpath]，進路 ▶ a bicycle path 自転車専用道路
1256	
makeup [méɪkʌ̀p]	化粧 ▶ put on makeup 化粧をする
1257	
phrase [freɪz]	成句，句 ▶ use a set phrase 決まり文句を使う
1258	
lane [leɪn]	車線，路地，小道 ▶ change lanes 車線を変更する
1259	
electronics [ɪlèktrá(ː)nɪks]	エレクトロニクス（産業），電子工学 electronic 形 電子の，電子工学の ▶ Electronics is a growth industry. エレクトロニクス産業は成長産業である。
1260 ⚠ アクセント	
attitude [ǽtətjùːd]	態度，考え方〈to, toward 〜に対する〉 ▶ take a friendly attitude to *one's* rival 競争相手に友好的な態度を取る

| | 425 | 850 | 1275 | 1700 |

1261

border
[bɔ́:rdər]

国境，境界線
動 の境を成す，国境を接する〈on ～と〉
▶ cross the border into Canada
国境を越えカナダに入る

1262 ⚠ アクセント

origin
[ɔ́(:)rɪdʒɪn]

起源
original 形 最初の，独創的な
▶ a word of Latin origin ラテン語起源の語

1263 ⚠ アクセント

manual
[mǽnjuəl]

説明書，指導書
形 手動の，手の
▶ an instruction manual 使用説明書

1264 ⚠ 発音

lawyer
[lɔ́:jər]

弁護士
▶ consult a lawyer 弁護士に相談する

1265

mission
[míʃən]

使命，使節（団）
missionary 名 宣教師 形 布教の，宣教師の
▶ a sense of mission 使命感

1266

oxygen
[ɑ́(:)ksɪdʒən]

酸素
▶ a lack of oxygen 酸欠

1267

peak
[pi:k]

絶頂，頂点，山頂
動 頂点に達する
▶ the peak of *one's* popularity 人気の絶頂

1268 ⚠ アクセント

volume
[vɑ́(:)ljəm]

分量，（本の）巻，音量
▶ a large volume of data 大量のデータ

1269

explosion
[ɪksplóʊʒən]

爆発
explode 動 爆発する
▶ the explosion of a gas tank
ガスタンクの爆発

単語編

A

B

でる度 **C**

Section 13 名詞

1258「二車線道路」を a two-lane road と言ったりするよ。

1270	分け前，一部分
portion [pɔ́ːrʃən]	動 を分配する〈between, among 〜の間で〉
	▶ my portion of the money その金の私の取り分

1271	角度，角
angle [ǽŋgl]	angular 形 角のある，柔軟性に欠ける
	▶ at right angles to the wall 壁に対して直角に

1272 ⚠発音	(the 〜) マスメディア
media [míːdiə]	★ medium の複数形。単数・複数扱い
	▶ be reported in the media マスメディアで報道される

1273	財産，不動産，特性
property [prá(ː)pərti]	▶ private property 私有財産

1274	大企業，株式会社
corporation [kɔ̀ːrpəréɪʃən]	★ 単数・複数扱い
	corporate 形 会社の
	▶ a multinational corporation 多国籍企業

1275	論争，議論，主張
argument [áːrgjʊmənt]	argue 動 と主張する，(を)議論する〈with 〜と〉
	▶ an argument with him over politics 政治についての彼との論争

1276	犠牲者 (⇔ survivor)，被害者
victim [víktɪm]	▶ victims of war 戦争の犠牲者

1277 ⚠発音	富，財産 (⇔ poverty)
wealth [welθ]	wealthy 形 裕福な
	▶ live in wealth 裕福に暮らす

1278 ⚠発音	心理学
psychology [saɪká(ː)lədʒi]	psychologist 名 心理学者
	▶ a psychology lecture 心理学の講義

1279	(the Arcticで) 北極地方
arctic [áːrktɪk]	形 北極の ▶ bears living in the Arctic 　北極地方に生息するクマ

1280	(乗り物の) 運賃
fare [feər]	▶ a single fare 片道運賃

1281　⚠ 発音	光栄，名誉 (⇔ dishonor)
honor [á(ː)nər]	honorable 形 立派な，尊敬すべき ▶ have the honor to meet the President 　大統領に会えて光栄である

1282　⚠ アクセント	(しばしば ~ies) 必需品，必要性
necessity [nəsésəti]	necessary 形 必要な ▶ daily necessities 生活必需品

形 容 詞

1283	必要不可欠な〈for, to ~に〉，本質的な
essential [ɪsénʃəl]	图 (通例 ~s) 不可欠なもの ▶ be absolutely essential for us 　私たちにとって絶対に必要不可欠である

1284	1年間の，年1回の
annual [ǽnjuəl]	annually 副 毎年，年に1回 ▶ an annual income 年収

1285	ねたんで，しっとして〈of ~を〉
jealous [dʒéləs]	jealousy 图 しっと ▶ He is jealous of his sister. 　彼は姉[妹]をねたんでいる。

1286　⚠ 発音	典型的な (⇔ untypical)
typical [típɪkəl]	type 图 型，典型　typically 副 典型的に ▶ a typical British home 　典型的なイギリスの家

1287		
sudden [sʌ́dən]	突然の (⇔ gradual) suddenly 副 突然 ▶ **sudden changes in weather** 天気の突然の変化	

1288	⚠ 発音・アクセント
delicate [délɪkət]	繊細な，微妙な delicacy 名 繊細さ，微妙さ ▶ **a delicate issue** 繊細な問題

1289		
nuclear [njúːkliər]	原子力利用の，核エネルギーの ▶ **a nuclear power plant** 原子力発電所	

1290		
superior [supíəriər]	優れた〈to ~より〉，上位の (⇔ inferior) superiority 名 優位 ▶ **be superior to other civilizations** ほかの文明よりも優れている	

1291		
intelligent [ɪntélɪdʒənt]	知能の高い，頭の良い (⇔ stupid) intelligence 名 知能，知力 ▶ **an extremely intelligent animal** 極めて知能の高い動物	

1292	⚠ 発音
steady [stédi]	安定した (⇔ unsteady)，一定した (⇔ irregular) steadily 副 着実に ▶ **a steady job** 定職

1293	⚠ 発音
awful [ɔ́ːfəl]	ひどく悪い，恐ろしい awfully 副 とても，非常に ▶ **feel awful** ひどく気分が悪い

1294	⚠ 発音
raw [rɔː]	生の，未処理の ▶ **raw fish** 生魚

副詞

1295 **equally** [íːkwəli]	同程度に，等しく equal 動 に等しい 形 等しい ▶ be equally important 同じくらい重要である
1296 **technically** [téknɪkəli]	技術的に，厳密に言えば，専門的に ▶ technically advanced society 　技術的に進んだ社会
1297 **seldom** [séldəm]	めったに～ない，まれにしか～ない [= rarely] (⇔ often) ▶ I seldom watch TV. 　私はめったにテレビを見ない。
1298 **frankly** [fræŋkli]	率直に，率直に言って frank 形 率直な ▶ speak frankly 率直に話す

接続詞

1299 ⚠ アクセント **unless** [ənlés]	…でない限り，…でなければ ▶ I won't go to the party unless I'm invited. 　招待されない限り，私はそのパーティーには行か 　ない。

前置詞

1300 **beside** [bɪsáɪd]	～のそばに ★ 0699 besides「その上」と混同しないよう注意 ▶ a town beside the sea 海のそばの町

単語編はこれで終わり。お疲れ様！

単語編 でる度 **C** チェックテスト

1 下線部の語句の意味を答えましょう。

(1) put a picture in a **frame** 絵を（　　　　　）に入れる

(2) without **permission** （　　　　　）なしに

(3) **arrest** him for theft 窃盗罪で彼（を　　　　　）

(4) **obey** traffic rules 交通規則（に　　　　　）

(5) be **slightly** taller than me 私よりも（　　　　　）背が高い

2 日本語に合うように（　）に英単語を入れましょう。

(1) 明日の天気予報
the weather（　　　　　） for tomorrow

(2) 私は借金をしている。　I am in （　　　　　）.

(3) 鼻血を出す　　　　　（　　　　　） from the nose

(4) 法案に賛成票を入れる　（　　　　　） for a bill

3 下線部の単語の意味と，その反意語を答えましょう。

(1) **construct** a bridge　　　⇔ （　　　　　） a bridge
橋（を　　　　）

(2) be found **innocent**　　　⇔ be found （　　　　）
（　　　　　）判決が下る

正解

1 (1) 額縁 (→**1036**)　(2) 許可 (→**0932**)　(3) を逮捕する (→**1205**)
(4) に従う (→**1240**)　(5) わずかに (→**0997**)
2 (1) forecast (→**1126**)　(2) debt (→**1156**)　(3) bleed (→**1014**)
(4) vote (→**0913**)
3 (1) destroy ／建設する (→**1201**)　(2) guilty ／無罪の (→**1075**)

174

でる度 **A**

熟語編

よくでる重要熟語 **200**

Section 14

1301	
according to ~	～によれば
According to the researchers, their discovery in India may be the answer.	研究者たちによれば，インドでの彼らの発見は，その答えになるかもしれない。

1302	
in order to *do*	～するために
He founded a company **in order to spread** his idea to the world.	彼は世界中に自分のアイデアを広めるために会社を設立した。

1303	
a number of ~	いくらかの～，たくさんの～ ★意味は文脈によって判断する
We have **a number of** school events in fall.	私たちは秋にいくらかの学校行事がある。

1304	
lead to ~	～につながる， ～に（必然的に）発展する
The new system is convenient, but it can **lead to** crimes.	新しいシステムは便利だが，犯罪につながりうる。

1305	
work on ~	～に取り組む
Researchers have been **working on** finding a cure for AIDS.	研究者たちはエイズの治療法発見に取り組んできた。

1306	
suffer from ~	～に苦しむ，～の病気になる
There are many people **suffering from** hunger in the world.	世界には飢えに苦しんでいる人が多くいる。

1307	
find out ～	（調べて）～を知る， ～がわかる
We need to **find out** the cause of the accident.	私たちはその事故の原因を<u>知る</u>必要がある。

1308	
ask (A) for B	（Aに）Bを求める
He **asked** his teacher **for** help with his report.	彼はレポートに関して先生に助けを<u>求めた</u>。

1309	
be on A	Aのおごりである
All the cakes and drinks we had at the farewell party **were on** our boss.	その送別会で私たちが食べたケーキや飲み物は全て上司<u>のおごりだった</u>。

1310	
instead of ～	～の代わりに，～しないで
We decided to stay home **instead of** going on a trip.	私たちは旅行に出かける<u>代わりに</u>家にいることにした。

1311	
set up ～	～を設置する，～を設定する，～を設立する
Students **set up** a huge stage for their school festival.	生徒たちは文化祭のために巨大なステージを<u>設置した</u>。

1312	
come up with ～	～を思いつく
She **came up with** a good idea for improving customer service.	彼女は顧客サービスを改善するための良いアイデア<u>を思いついた</u>。

1313	
in particular	特に [≒ especially]
I wasn't doing anything **in particular** yesterday.	私は昨日は<u>特に</u>何もしていなかった。

熟語編

でる度 **A**

Section 14

1314	
pick _A_ up	Aを(車で)迎えに行く[来る]
My grandmother **picked** me **up** at the station.	祖母が駅に私を迎えに来た。

1315	
so _A_ that _B_	とてもAなのでB
The professor speaks **so** fast **that** many students cannot understand her.	その教授はとても早口で話すので多くの生徒が彼女の言っていることを理解できない。

1316	
too _A_ to _do_	あまりにAなので～できない
The letters in the article are **too** small **to read**.	その記事の文字はあまりに小さいので読めない。

1317	
～ as well	～もまた
He enjoyed the scenery in Finland, and he was attracted to their unique traditions **as well**.	彼はフィンランドで景色を楽しみ、彼らの独特な伝統にもまた引き付けられた。

1318	
deal with ～	(問題)を処理する、(主題など)を扱う
We have to **deal with** the problem immediately.	私たちは直ちにその問題を処理しなければならない。

1319	
make _A_ from _B_	B(原料・材料)からA(製品)を作る
The shirts are **made from** 100% cotton.	そのシャツは100%綿から作られている。

1320	
on time	時間通りに
Foreign people are surprised that trains in Japan always arrive **on time**.	外国人は日本の電車がいつも時間通りに到着することに驚く。

1321
provide A with B
AにBを提供する
[= provide B for A]

The school **provides** students **with** lunch in the cafeteria.

その学校は食堂で学生に昼食を提供する。

1322
at least
少なくとも (⇔ at most)

It takes **at least** 30 minutes to get to the station.

駅までは少なくとも30分かかる。

1323
come out
外に出る，発売される，(真実などが)明らかになる

Animals that **come out** at night are called nocturnal animals.

夜に外に出る動物は夜行性動物と呼ばれる。

1324
encourage A to do
Aに〜するよう促す[励ます]

The teachers try to **encourage** children **to read** more books.

先生たちは子どもにもっと多くの本を読むよう促す努力をしている。

1325
hand in 〜
〜を提出する [≒ turn in 〜]

Our teacher has told us that we need to **hand in** our report by tomorrow.

先生は私たちに明日までにレポートを提出する必要があると言った。

1326
on the other hand
他方では，それに反して

He faced financial difficulties, but **on the other hand**, he learned a lot from them.

彼は金銭的な困難に直面したが，他方では，そのことから多くのことを学んだ。

1327
a variety of 〜
さまざまな〜

I found an online shop that sells **a variety of** clothes from abroad.

私はさまざまな海外の衣類を売っているオンラインショップを見つけた。

1328
be based on ～

～に基づいている

The novel **is based on** a true story.

その小説は実話に基づいている。

1329
fill out ～

（書類）に記入する

You need to **fill out** this form and send it back to me.

あなたはこの用紙に記入して，私に返送する必要がある。

1330
take part in ～

～に参加する
[≒ join, participate in ～]

I **took part in** the local festival.

私は地元の祭りに参加した。

1331
up to ～

～次第で，～に（至る）まで

It's **up to** you whether we go ahead with this plan or not.

この計画を続けるかどうかは君次第だ。

1332
A rather than *B*

BよりむしろA
[= rather A than B]

Most of the complaints about the product were about the package **rather than** the product itself.

その製品に関する苦情のほとんどは，製品自体よりむしろ包装についてであった。

1333
be similar to ～

～と似ている

Your idea **is similar to** mine, but I think yours is better.

あなたの考えは私の考えと似ているが，あなたの考えの方が良いと思う。

1334
bring back ～

～を戻す，～を持ち帰る

The ringing of the telephone **brought** her **back** to reality.

電話の音が彼女を現実に引き戻した。

熟語編

でる度
A

Section 14

1335

figure out ~

~を理解する，~をわかる

I can't **figure out** what he is trying to say.

私は彼が何を言おうとしているのかを理解できない。

1336

happen to *do*

偶然 [たまたま] ~する

I **happened to see** a picture of him in the newspaper.

私は新聞で偶然彼の写真を目にした。

1337

much [still] more ~

(肯定文に付加して) まして~はいっそうそうだ

You should be kind to other people, **much more** to your own family.

他人に優しくしなさい。まして家族にはなおさらのことだ。

1338

no longer ~

もはや~でない
[= not ~ any longer]

The speed of modern aircraft means we **no longer** have to take long journeys.

現代の飛行機の速さは，もはや長旅をする必要はないことを意味する。

1339

prevent *A* from *doing*

Aが~するのを防ぐ

Eating lots of vegetables can **prevent** you **from catching** a cold.

たくさんの野菜を食べることであなたが風邪をひくのを防ぐことができる。

1340

so far

これまでは

I have saved 1,000 dollars **so far** this year.

私は今年これまでに1,000ドル貯金している。

1341

A as well as *B*

Bだけでなく A もまた
[≒ not only *B* but (also) *A*]

Cigarette smoke is harmful to nonsmokers **as well as** smokers.

たばこの煙は喫煙者だけでなく非喫煙者にも害がある。

1342
as ~ as possible
できるだけ～

They'll send my order **as** soon **as possible**.

彼らはできるだけ早く私の注文品を送るだろう。

1343
by mistake
誤って

I might have put in sugar instead of salt **by mistake**.

私は誤って塩の代わりに砂糖を入れたかもしれない。

1344
depend on [upon] ~
～次第である，～による

It **depends on** what kind of job you're interested in.

それはあなたがどんな仕事に興味があるかによる。

1345
get rid of ~
～を取り除く，～を処分する

A major problem facing many countries is how to **get rid of** garbage in the ocean.

多くの国に立ちはだかっている大きな問題とは，いかに海のゴミを取り除くかということだ。

1346
help (A) (to) do
(Aが)～するのを手伝う，
(Aが)～するのに役立つ

This online service **helps** you **to save** time and money.

このオンラインサービスはあなたが時間とお金を節約するのに役立つ。

1347
make sure that ...
…であることを確実にする，
必ず…するようにする

You need to **make sure that** all the computers are off when you leave.

あなたは出るときに必ず全てのコンピューターの電源が切れているようにする必要がある。

1348
so that A can B
AがBできるように

She enlarged the picture **so that** people **can** see it well.

彼女は人々にその写真がよく見えるように，それを拡大した。

1349
A enough to *do*　　　〜するほど十分Aな

Fast food is tasty and cheap **enough to attract** many people.

ファストフードは多くの人々を引き付けるほど十分おいしくて安い。

1350
along with 〜　　　〜と一緒に

Some artists' works are displayed **along with** their signatures.

何人かの芸術家の作品が彼らの署名と一緒に展示されている。

1351
be aware of 〜　　　〜に気づいている，〜を知っている

I **was** not **aware of** any new changes to the school rules.

私は校則が新しく変わったことに気づいていなかった。

1352
be concerned about 〜　　　〜を心配している，〜を気遣っている [≒ be worried about 〜]

These days, many people **are concerned about** global environmental problems.

近ごろは多くの人が地球の環境問題を心配している。

1353
be related to 〜　　　〜に関連している

The sales of a product **are** not always **related to** its value.

商品の売れ行きはいつもその価値に関連しているわけではない。

1354
carry out 〜　　　〜を実行する [≒ put 〜 into [in] practice]

We will **carry out** the plan as soon as we are ready.

私たちは準備ができ次第その計画を実行するつもりだ。

1355
get used to 〜　　　〜に慣れる [≒ become accustomed to 〜]

My sister can **get used to** a new environment quickly.

私の姉[妹]はすぐに新しい環境に慣れることができる。

1356	
have [take] a look at ~	~を見る
I **had a look at** your report yesterday.	昨日，私はあなたのレポートを見た。

1357	
in place	あるべき場所に，適切で (⇔ out of place)
Make sure that the tools are **in place**.	必ず道具はあるべき場所に置くようにしなさい。

1358	
live on ~	~の額の収入で生活する，~を収入源として生活する
She **lives on** just 1,000 dollars a month.	彼女は月にたった1,000ドルの収入で生活している。

1359	
manage to *do*	何とかして~する
The band was very famous, but she **managed to get** a concert ticket.	非常に有名なバンドだったが，彼女は何とかしてコンサートのチケットを手に入れた。

1360	
play an important role in ~	~で重要な役割を果たす
He **played a** very **important role in** getting this contract.	彼はこの契約を得ることにおいてとても重要な役割を果たした。

1361	
prefer *A* to *B*	BよりAの方を好む
I **prefer** cooking at home **to** eating at a restaurant.	私はレストランで食べるより家で料理をすることの方を好む。

1362	
result in ~	~に終わる
The trial flight **resulted in** failure.	その試験飛行は失敗に終わった。

1363

throw away ～

～を捨てる

Some say that people today **throw away** things too easily.

今日の人々は簡単に物を捨て過ぎると言う人々もいる。

1364

turn A into B

AをBに変える

They **turned** the old building **into** an art gallery.

彼らはその古い建物をアートギャラリーに変えた。

1365

turn on ～

(スイッチなど)をつける, (ガス・水)を出す (⇔ turn off ～)

I **turned on** my smartphone after leaving the theater.

私は劇場を出た後にスマートフォンの電源を入れた。

1366

a couple of ～

2, 3の～

I put all the ingredients in the pot and boiled them for **a couple of** minutes.

私は全ての材料を鍋に入れて、2, 3分煮た。

1367

as [so] long as ...

…する限りは

You will pass the exam **as long as** you study hard.

一生懸命勉強する限り、あなたは試験に合格するだろう。

1368

be capable of doing

～する能力がある, ～することができる

This new computer **is capable of processing** images very fast.

この新しいコンピューターはとても素早く画像を処理することができる。

1369

be involved in ～

～に参加している, ～に熱中している

It will be my first time to **be involved in** volunteer activities.

それは私がボランティア活動に参加する初めての機会になる。

熟語編

でる度 **A**

Section 14

185

1370 **break down (~)**	故障する，〜を壊す
I had my watch fixed a few weeks ago, but it has **broken down** again.	腕時計を数週間前に直してもらったが，また<u>故障して</u>しまった。

1371 **by the end of ~**	〜の終わりまでに
We have to finish a report **by the end of** the week.	私たちは週末までに報告書を仕上げなければならない。

1372 **cut down (on) ~**	〜を減らす
The couple agreed to **cut down on** their expenses for travel and meals.	夫婦は旅費と食費<u>を減らす</u>ことに同意した。

1373 **end up *doing***	最後には〜することになる， 結局〜に終わる
The car ran through a red light and **ended up hitting** another car.	その車は赤信号を走り抜け，<u>最後には</u>別の車に衝突することになった。

1374 **find a way to *do***	〜する方法を見つける
She **found a way to make** a better society for elderly people.	彼女は高齢者により良い社会を作る<u>方法を見つけた</u>。

1375 **for a while**	しばらくの間
He kept silent **for a while** and then gave a big sigh.	彼は<u>しばらくの間</u>沈黙を保ち，それから大きなため息をついた。

1376 **in the end**	最後に（は），結局
He always tried to do his best, and **in the end**, his business succeeded.	彼は常に最善を尽くすよう努力し，<u>最後には</u>彼の事業は成功した。

1377
look up ~

(単語など)を調べる

I often have to **look up** new words in the dictionary.

私は，辞書で新しい単語を調べなければならないことがよくある。

1378
look up to ~

~を尊敬する [≒ respect]
(⇔ look down on [upon] ~)

I **look up to** my uncle who runs an international company.

私は国際企業を経営しているおじを尊敬している。

1379
not A but B

AではなくB

Playing computer games is **not** his hobby **but** his job.

コンピューターゲームをするのは彼の趣味ではなく彼の仕事だ。

1380
refer to ~

~に言及する，~に関係する，~を参照する

The mayor **referred to** the Summer Festival as an example of a successful event.

市長は成功したイベントの一例として夏祭りに言及した。

1381
sell out (~)

~を売り切る，売り切れる

All the tickets are **sold out**.

チケットは全て売り切れている。

1382
stop by (~)

(~に)ちょっと立ち寄る

I **stopped by** my old friend's place on my way to Chicago.

私はシカゴに行く途中で旧友の家に立ち寄った。

1383
take notes

メモを取る

The teacher taught his students how to **take notes** effectively.

その先生は生徒たちに効果的にメモを取る方法を教えた。

熟語編

でる度
A

Section 14

1384 ☐☐☐	行われる，起こる
take place	
An annual food festival will **take place** in this park in October.	毎年恒例の食の祭典が10月にこの公園で行われる予定だ。

1385 ☐☐☐	結局（は）
after all	
I decided not to go to the event **after all**.	結局私はイベントへ行かないことに決めた。

1386 ☐☐☐	ずっと，はるばる
all the way	
I had to stand on the train **all the way** to the last station.	私は最後の駅までずっと電車の中で立っていなければならなかった。

1387 ☐☐☐	～を申し込む，～に出願する
apply for ～	
In order to **apply for** this job, I need to fill out this form.	この仕事に申し込むには，この用紙に記入する必要がある。

1388 ☐☐☐	まるで…のように
as if [though]...	
He felt **as if** he was dreaming.	彼はまるで夢を見ているように感じた。

1389 ☐☐☐	一度に
at a time	
It's difficult to focus on more than one thing **at a time**.	一度に複数のことに集中するのは難しい。

1390 ☐☐☐	（今にも）～しようとしている
be about to *do*	
I **was about to leave** home when the phone rang.	電話が鳴ったとき，私は家を出ようとしていた。

1391

be made (out) of ~

~でできている，
~で作られている

These notebooks **are made out of** waste paper.

これらのノートは古紙でできている。

1392

become accustomed to ~

~に慣れる [≒ get used to ~]

He has **become accustomed to** the winter cold in New York.

彼はニューヨークの冬の寒さに慣れた。

1393

before long

まもなく，すぐに [≒ soon]

He is a good instructor, so **before long** you will be able to skate well.

彼は良い指導者なので，あなたはすぐに上手にスケートができるようになるだろう。

1394

bring in ~

~を持ち込む，~をもたらす

Students can **bring in** their smartphones to our school.

生徒は学校にスマートフォンを持ち込んでもよい。

1395

by accident [chance]

偶然に (⇔ on purpose)

I met my high school classmate on the train **by accident**.

私は偶然，電車で高校の同級生に会った。

1396

by the time ...

…するときまでに (は)

The game will be over **by the time** we arrive at the baseball stadium.

私たちが野球場に着くときまでに試合は終わっているだろう。

1397

check in

(空港で)搭乗手続きをする，(ホテルで)宿泊の手続きをする

We had better **check in** quickly, or we'll miss the flight.

私たちは急いで搭乗手続きをした方がいい，でないと飛行機に乗り遅れてしまうだろう。

熟語編

でる度
A

Section 14

1398	～を偶然見つける，～に偶然
come across ～	出会う [= happen on ～]
I **came across** a beautiful poem in this book.	私はこの本の中で美しい詩を偶然見つけた。

1399	～で構成されている，～から
consist of ～	成る [≒ be made up of ～]
The committee **consists of** representatives from each club in the school.	その委員会は学校の各クラブの代表者で構成されている。

1400	～のために，～が原因で
due to ～	
The delay in the flight's departure was **due to** a severe snowstorm in the area.	飛行機の出発が遅れたのは，その地域の猛吹雪のためであった。

● 自動詞と他動詞を意識して覚えよう

動詞には，目的語を必要としない「自動詞」と，目的語を必要とする「他動詞」があります。本書では多くの他動詞の意味に小文字で「を」や「に」などがついているので自動詞と区別できます。increase「増加する，を増やす」のように自動詞・他動詞両方で使われる語もあります。

また，discussとtalkのような似た意味を持った動詞は要注意です。「その話題について話す」はdiscuss the topicまたはtalk about the topicで，discussは他動詞なのでaboutは不要ですが，talkは自動詞なのでaboutが必要です。

1401

except for ～

～を除いては

The essay was great **except for** a few mistakes in spelling.

いくつかのスペルミスを除いてその小論文は素晴らしかった。

1402

exchange *A* for *B*

AをBと交換する

I'd like to **exchange** this skirt **for** one in a larger size.

このスカートをもっと大きいサイズのものと交換したい。

1403

feel like *doing*

～したい気がする

I don't **feel like playing** soccer when it's raining.

雨が降っているとき，私はサッカーをしたい気がしない。

1404

for fear of ～

～を恐れて

He couldn't cross the bridge **for fear of** heights.

彼は高さを恐れてその橋を渡ることができなかった。

1405

for long

長い間
★通常，否定文・疑問文で使う

My brother is not going to stay there **for long**.

私の兄[弟]はそこに長い間滞在するつもりはない。

1406

give *A* a hand

Aを手助けする

My sister **gave** me **a hand** when I was trying to carry some heavy books.

私が数冊の重い本を運ぼうとしていると，姉[妹]が私を手助けしてくれた。

熟語編

でる度
A

B

Section 15

1407 **give in to ~**	~に屈する [= yield to ~]
She **gave in to** her father's request and went to college.	彼女は父親の要求に屈して大学に行った。

1408 **go into ~**	~を詳しく説明する
He **went into** the details of the contract.	彼はその契約書の細部を詳しく説明した。

1409 **go with ~**	~と合う，~と調和する
That hat **goes with** your shirt.	あの帽子は君のシャツと合う。

1410 **had better *do***	~する方がよい
I think we **had better ask** an expert for advice first.	私たちはまず専門家に助言を求めた方がいいと思う。

1411 **if *A* were to *do***	仮にAが~するようなことがあれば
If he **were to be late**, I would not wait for him.	仮に彼が遅れるようなことがあれば，私は彼を待たないだろう。

1412 **in addition to ~**	~に加えて
In addition to being intelligent, he is a good athlete.	彼は頭が良いのに加えて，優れたスポーツマンである。

1413 **in charge of ~**	~を管理 [担当] して
She is **in charge of** the schedule of all school events.	彼女が全ての学校行事のスケジュールを管理している。

1414
in other words

言い換えれば，つまり

This printer doesn't use much ink. **In other words**, it's more efficient.

このプリンターはあまりインクを使わない。言い換えれば，より効率的だ。

1415
in response to ～

～に応えて

They made an online catalog in English **in response to** demand from abroad.

彼らは海外からの要求に応えて英語のオンラインカタログを作った。

1416
in return (for ～)

(～の) お返しに

I'm thinking of giving her a small gift **in return**.

私はお返しに彼女にささやかな贈り物をしようと考えている。

1417
in trouble

困った状態で

She always gives me good advice when I'm **in trouble**.

私が困っているとき，彼女はいつも私に良い助言をしてくれる。

1418
in turn

その結果

The company lowered the price of their products. This, **in turn**, generated huge sales.

その会社は製品の値段を下げた。これが，その結果，ばく大な売り上げを生み出した。

1419
make a mistake

間違いを犯す

I **made a mistake** on the contract.

私は契約書で間違いを犯した。

1420
on [in] behalf of ～

～を代表して，～のために
[= on [in] one's behalf]

I attended the meeting **on behalf of** the company.

私は会社を代表してそのミーティングに参加した。

熟語編

でる度
A

B

Section 15

1421
out of stock

在庫切れの (⇔ in stock)

The red sweater is **out of stock**.

赤色のセーターは在庫切れだ。

1422
pay [give] attention to ~

~に注意を払う

The traffic accident happened because the driver **paid** no **attention to** the traffic light.

運転手が信号に全く注意を払わなかったために，その交通事故が起きた。

1423
persuade *A* to *do*

Aを~するように説得する

His parents **persuaded** him **to give up** studying abroad.

彼の両親は彼を留学をあきらめるように説得した。

1424
point out ~

~を指摘する，~を指し示す

Some educational experts **point out** the importance of fast reading.

速読の重要性を指摘する教育専門家もいる。

1425
rely on *A* for *B*

Bを求めてAを頼る

I **relied on** my doctor **for** medical advice.

私は医学的助言を求めて医師を頼った。

1426
run out of ~

~を使い果たす

She **ran out of** paper, so she asked her friends for some.

彼女は紙を使い果たしたので，友人に何枚か求めた。

1427
sign up for ~

(署名して) ~に申し込む，~に登録する

She **signed up for** a dance lesson after school.

彼女は放課後のダンスレッスンに申し込んだ。

1428
stick to ～
~をやり通す，～にくっつく

If you **stick to** the exercise plan, you're sure to lose weight.

もしその運動の計画をやり通せば，必ず体重は減る。

1429
take away ～
~を持ち[運び]去る

The waiter came to **take away** the empty plates.

ウェイターが空いた皿を下げに来た。

1430
take ～ for granted
~を当然のことと考える

You shouldn't **take** his kindness **for granted**.

彼の優しさを当然のことと考えるべきではない。

1431
tend to *do*
~しがちである

People **tend to use** a lot of water without thinking.

人々はよく考えずに多くの水を使いがちである。

1432
turn in ～
~を提出する[≒ hand in ～]

I have to **turn in** this report by Wednesday.

私は水曜日までにこの報告書を提出しなければならない。

1433
would rather *do*
むしろ~したい

I **would rather stay** home and relax.

私はむしろ家にいてのんびりしたい。

1434
a bunch of ～
たくさんの～，1房[1束，一連]の～

A bunch of people came to my birthday party last night.

昨夜はたくさんの人が私の誕生日パーティーに来た。

熟語編

でる度 A

Section 15

1435

a wide range of ～

広範囲にわたる～，
さまざまな～

The store sells **a wide range of** goods.

その店はさまざまな商品を販売している。

1436

ahead of ～

～より早く，～に先立って

The plane arrived at the airport 30 minutes **ahead of** schedule.

その飛行機は予定より30分早く空港に到着した。

1437

allow *A* to *do*

Aが～するのを許す，（主語によって）Aが～できる

Our school **allows** students **to commute** by bike.

私たちの学校は生徒が自転車で通学することを許可している。

1438

～, and so on

（そして）～など

My uncle sells old furniture, secondhand clothes, **and so on**.

私のおじは古い家具や古着などを売っている。

1439

as follows

次 [以下] の通り

The items we would like to order are **as follows**.

私たちが注文したい品は次の通りだ。

1440

at the moment

（現在形で）今，現在，
（過去形で）そのときに

She is out **at the moment**.

彼女は今，外出中だ。

1441

be concerned with ～

～に関心がある，～と関わる

In fact, I'm not so **concerned with** world politics.

実際，私はそれほど世界の政治に関心があるわけではない。

1442

be responsible for ～

～の責任がある

Parents **are responsible for** taking care of their children after school.

親は放課後に子どもの面倒を見る責任がある。

1443

be said to be ～

～だと言われている

This **is said to be** the tallest tower in the world.

これは世界で一番高い塔だと言われている。

1444

be satisfied with ～

～に満足している

Many customers **are satisfied with** their service.

多くの客が彼らのサービスに満足している。

1445

behind *one's* back

～のいないところで，陰で

He found out that his wife had been complaining about him **behind his back**.

彼は妻が陰で彼に関する不満を言っていたことを知った。

1446

by far

(最上級・比較級を強めて)
断然，ずば抜けて

She is **by far** the fastest runner in our class.

彼女は私たちのクラスで走るのがずば抜けて速い。

1447

by way of ～

～経由で，～の手段として

I'm going to London **by way of** Paris.

私はパリ経由でロンドンに行く予定だ。

1448

catch up with ～

～に追いつく

In some countries, food production has not **caught up with** population growth.

一部の国では，食料生産が人口の増加に追いついていない。

疲れたら休憩しながら進めていこう。

1449
change *one's* mind
気が変わる

She **changed her mind** and canceled the appointment.

彼女は気が変わって，約束を取り消した。

1450
come to *do*
〜するようになる

As she got older, she **came to understand** the importance of health.

年を取るにつれて，彼女は健康の重要性を理解するようになった。

1451
compare *A* with *B*
AをBと比べる

His advice was that I should not **compare** my son **with** other children.

彼の助言は，私の息子をほかの子どもと比べるべきではないというものだった。

1452
concentrate on 〜
〜に集中する

Some people say that blue is the color that can help you **concentrate on** your study or work.

青は勉強や仕事に集中することを助けうる色であると言う人もいる。

1453
count on [upon] 〜
〜を当てにする，〜に頼る [≒ rely on [upon] 〜]

Can you finish your report by 3 p.m.? I'm **counting on** you.

午後3時までに報告書を完成させれるかい？　君を当てにしているよ。

1454
die out
死滅する，完全に消える

Why did the dinosaurs **die out**?

なぜ恐竜は絶滅したのか。

1455
do away with 〜
〜を廃止する，〜を取り除く

I wish the company would **do away with** ties altogether.

私は会社が完全にネクタイを廃止してくれればよいのにと思う。

1456
drop in

立ち寄る, ひょっこり訪ねる

I **dropped in** at my uncle's place on my way home.

私は帰宅途中におじのところに<u>立ち寄った</u>。

1457
even if [though] ...

たとえ…だとしても

You will have a second chance **even if** you fail this exam.

<u>たとえ</u>この試験に失敗し<u>ても</u>, 2度目のチャンスがある。

1458
ever since

それ以来, その後

They met in college and have been friends **ever since**.

彼らは大学で出会い<u>それ以来</u>ずっと友だちだ。

1459
find *one's* way (to ~)

(~に)たどり着く

I managed to **find my way to** the station.

私はどうにか駅に<u>たどり着いた</u>。

1460
for free

無料で

He repaired my glasses **for free**.

彼は私の眼鏡を<u>無料で</u>修理した。

1461
for lack of ~

~の不足のために

His team lost the baseball game today, but it wasn't **for lack of effort**.

彼のチームは今日野球の試合に負けたが, それは努力<u>不足のため</u>ではなかった。

1462
for sure

確かに, 間違いなく
[≒ for certain]

He will win the contest **for sure**.

<u>間違いなく</u>彼はそのコンテストで優勝するだろう。

熟語編

でる度
A

B

Section 15

1463
from now on
今後は

I'll try to study harder **from now on**.
今後はもっと一生懸命に勉強するつもりだ。

1464
get along with ~
~とうまくやっていく

My sister seems to be **getting along with** her new friends.
私の姉[妹]は新しい友だち**とうまくやっている**ようだ。

1465
get over ~
~から立ち直る, ~を克服する [≒ overcome]

It took her a long time to **get over** the death of her husband.
彼女が夫の死**から立ち直る**のには長い時間がかかった。

1466
in advance
前もって

You should call the travel agency at least two weeks **in advance** to cancel the trip.
旅行をキャンセルするには，少なくとも2週間**前**に旅行代理店に電話するべきだ。

1467
in danger of ~
~の危険にさらされて

Many languages are **in danger of** extinction around the world.
世界中で多くの言語が消滅の**危機にさらされて**いる。

1468
in demand
需要がある

Air conditioners are greatly **in demand** in summer.
空調機は夏にとても**需要がある**。

1469
in fashion
流行して

This color is **in fashion** this year.
今年はこの色が**流行して**いる。

1470
in general

一般に，たいてい
[≒ generally]

In general, people tend to get angry more easily when they are hungry.

一般的に人々は空腹時に怒りやすい傾向がある。

1471
in reality

実は，実際には

He looks young, but **in reality** he is over 50.

彼は若く見えるが，実は50歳を超えている。

1472
in spite of ～

～にもかかわらず

The shopping center is being built **in spite of** protests from local residents.

地元住民の抗議にもかかわらず，そのショッピングセンターは建設が進んでいる。

1473
in terms of ～

～の観点から

In terms of showing the best performance, training is the most vital.

最高のパフォーマンスを見せるという観点からは，訓練が最も肝心だ。

1474
in time (for ～)

(～に) 間に合うように，やがて

I arrived just **in time for** dinner.

私はちょうど夕食に間に合うように到着した。

1475
in vain

無駄に，むなしく

I warned my brother that it was dangerous to travel alone, but it was **in vain**.

兄 [弟] に1人で旅行に行くのは危険だと警告したが，無駄だった。

1476
(just) in case ...

…するといけないから，…に備えて

I'll take an umbrella with me **just in case** it rains.

雨が降るといけないから私は傘を持っていこうと思う。

熟語編

でる度
A

Section 15

1477
keep *one's* word [promise]
約束を守る

I can't trust my brother at all. He never **keeps his word**.

私は兄[弟]を全く信用できない。彼は決して約束を守らない。

1478
keep up with ~
~に遅れないでついていく
(⇔ fall behind ~)

He found it difficult to **keep up with** the latest technology.

彼は最新の技術に遅れないでついていくのは難しいと思った。

1479
leave ~ behind
~を置き忘れる,
~を置いていく

My father **left** his wallet **behind** when he left his office.

父は事務所を出るときに財布を置き忘れた。

1480
let *A* down
Aを失望させる

I didn't want to **let** you **down**.

私はあなたを失望させたくはなかった。

1481
look through ~
(書類・メモなど)にざっと目を通す

I **looked through** the manual before using my new washing machine.

私は新しい洗濯機を使う前に説明書にざっと目を通した。

1482
make up for ~
~の埋め合わせをする

He studied hard to **make up for** the time he used for playing video games.

彼はテレビゲームをするのに使った時間の埋め合わせをしようと一生懸命勉強した。

1483
meet *one's* needs
~のニーズ[必要性]を満たす

To **meet our customers' needs**, we need to keep on developing new products.

顧客のニーズを満たすため, わが社は新製品の開発を続ける必要がある。

1484

no matter what ...

何を…しても

I'm going to study abroad, **no matter what** my parents say.

私の両親が何を言っても私は留学するつもりだ。

1485

not only *A* but (also) *B*

AだけでなくBも

Technology will **not only** improve productivity **but also** lower costs.

科学技術は生産性を向上させるだけでなくコストも下げるだろう。

1486

on board

(乗り物に)乗って

He was **on board** the 10:20 flight for Boston.

彼は10時20分発のボストン行きの便に乗っていた。

1487

on [off] duty

勤務中で[勤務時間外で]

There were only two security guards **on duty** on the day of the bank robbery.

銀行強盗事件の日に勤務中の警備員は2人だけだった。

1488

on purpose

わざと
[≒ intentionally, deliberately]

I don't believe that he broke the windows **on purpose**.

彼がわざと窓を割ったなんて私は信じない。

1489

on schedule

予定通りに

The trains are running **on schedule**.

列車は予定通りに運行している。

1490

on (the [an]) average

概して, 平均して

On average, women live longer than men.

概して, 女性の方が男性よりも長生きする。

1487 duty は「職務・義務」という意味の単語だよ。

1491	
out of order	故障して，調子が悪くて，乱れて (⇔ in order)
I can't buy a drink because the vending machine is **out of order**.	自動販売機が故障しているため，飲み物が買えない。

1492	
pay well	給料が良い
I quit my job because it didn't **pay well**.	給料が良くなかったので，私は仕事を辞めた。

1493	
plenty of ~	多くの~，十分な~
You have **plenty of** opportunities to go to classical concerts in Germany.	ドイツではクラシックコンサートに行く多くの機会がある。

1494	
put together ~	(考え)をまとめ上げる，~を組み立てる
They had only a few weeks to **put together** the renovation plan.	彼らには改修計画をまとめ上げるのに数週間しかなかった。

1495	
run into [across] ~	~に偶然出会う
I **ran into** my old friend when I was out shopping yesterday.	私は，昨日買い物に出ているときに，旧友に偶然出会った。

1496	
speak out	はっきりと意見を述べる，大声で話す
The little girl had the courage to **speak out** against bullying.	その幼い女の子にはいじめに反対してはっきりと意見を述べる勇気があった。

1497	
stand for ~	~を我慢する，(頭文字・記号などが)~の意味を表す
If I were you, I wouldn't **stand for** such an insult.	私だったらそのような侮辱を我慢しないだろう。

1498
stare at ~ / ～をじっと見る

I was **staring at** the cat catching a bird on the ground.

私はネコが地面にいる鳥を捕まえるところをじっと見ていた。

1499
turn out to be ~ / ～だとわかる
[= prove to be ~]

The man we met yesterday **turned out to be** Mary's father.

昨日私たちが出会った男性はメアリーの父親だとわかった。

1500
work out / 運動する

I think you should **work out** regularly if you want to lose weight.

体重を落としたいなら定期的に運動するべきだと思う。

熟語編

でる度 **A**

B

Section 15

● 可算名詞と不可算名詞を意識しよう

名詞には，boxやmanなどの数えられる名詞「可算名詞」と，waterやinformationなどの数えられない名詞「不可算名詞」があります。英検では可算・不可算を直接的に問う問題は出題されないため本書では特に区別の表記をしていませんが，フレーズ例や例文を読むときに名詞の使われ方に着目してみると新たな発見があるかもしれません。例えば，reduce the number of students や，a tiny amount of salt などの表現を注意深く読んでみましょう。〈number of＋可算名詞（複数形）〉，〈amount of＋不可算名詞〉という語法に気づきましたか？

1 下線部の語句の意味を答えましょう。

(1) I think we **had better ask** an expert for advice first.
私たちはまず専門家に助言を（　　　　　）と思う。

(2) The sales of a product **are** not always **related to** its value.
商品の売れ行きはいつもその価値（に　　　　　）わけではない。

(3) I can't **figure out** what he is trying to say.
私は彼が何を言おうとしているのか（を　　　　　）できない。

(4) I can't buy a drink because the vending machine is **out of order**.
自動販売機が（　　　　　）いるため，飲み物が買えない。

2 日本語に合うように（　　）に英単語を入れましょう。

(1) 世界中で多くの言語が消滅の危機にさらされている。
Many languages are in（　　　　　） of extinction around the world.

(2) 私は，昨日買い物に出ているときに，旧友に偶然出会った。
I ran（　　　　　） my old friend when I was out shopping yesterday.

(3) 私たちは週末までに報告書を仕上げなければならない。
We have to finish a report（　　　　　） the end of the week.

正解

1 (1) 求めた方がいい (→ **1410**)　(2) に関連している (→ **1353**)
(3) を理解 (→ **1335**)　(4) 故障して (→ **1491**)

2 (1) danger (→ **1467**)　(2) into [across] (→ **1495**)　(3) by (→ **1371**)

でる度
B

熟語編

差がつく応用熟語 **200**

1501	
amount to ~	総計で~に達する
The damage from the earthquake is expected to **amount to** at least 68 billion yen.	その地震の被害は，少なくとも総計で680億円に達すると予想される。

1502	
anything but ~	決して[少しも]~でない
He is **anything but** quiet.	彼は決して静かではない。

1503	
as for [to] ~	~に関しては，~はどうかと言えば
As for me, I prefer dogs.	私に関して言えば，犬の方が好きだ。

1504	
as time goes by	時間がたつにつれて
As time went by, he began to gain confidence in himself.	時間がたつにつれて，彼は自信を持ち始めた。

1505	
be anxious about ~	~を心配している [≒ be worried [concerned] about ~]
My mother **is** always **anxious about** my health.	母はいつも私の健康を心配している。

1506	
be at a loss	困っている，途方に暮れている
He missed the last train and **was at a loss** what to do.	彼は最終電車に乗り損ねてどうすればよいか困っていた。

1507
be engaged to _A_

Aと婚約している

He **is engaged to** my sister.

彼は私の姉 [妹] と婚約している。

1508
be equal to ~

~と同等である, ~と等しい

The height of the bookshelf **is equal to** my height.

その本棚の高さは私の身長と同等である。

1509
be guilty of ~

~の罪を犯している

He **is guilty of** stealing money from the bank.

彼は銀行からお金を盗むという罪を犯している。

1510
be known to ~

~に知られている

My mother **is known to** many people as a great teacher.

私の母は素晴らしい教師として多くの人に知られている。

1511
be well off

裕福である (⇔ be badly off)

She had a hard time when she was young, but now she **is well off**.

彼女は若いときに苦労したが, 現在は裕福である。

1512
be worthy of ~

~に値する, ~にふさわしい

Her discovery **is worthy of** further investigation.

彼女の発見はさらなる研究に値する。

1513
beyond _one's_ reach

~の届く範囲を超えて

This price is far **beyond our reach**.

この価格は私たちの手の届く範囲をはるかに超えている。

熟語編

A

でる度 B

Section 16

1514	
by degrees	徐々に [≒ gradually]
The number of children is decreasing **by degrees** here in Japan.	ここ日本では子どもの数が徐々に減っている。
1515	
by nature	生まれつき
My grandmother is **by nature** a very gentle person.	私の祖母は生まれつきとても穏やかな人だ。
1516	
call in ～	(医師・専門家など) を呼ぶ
The doctor **called in** another doctor for his opinion.	その医師は意見を聞くために別の医師を呼んだ。
1517	
check out	(ホテルなどで) 勘定を済ませて出る, チェックアウトする
I **checked out** from the hotel early and had lunch at the airport.	私は早めにホテルをチェックアウトして, 空港で昼食を食べた。
1518	
come down	(価格などが) 下がる [≒ decrease], 降りてくる
The price of space travel is expected to **come down** greatly in the future.	宇宙旅行の価格は将来大幅に下がると予想されている。
1519	
decide on ～	～を [に] 決める
After a long discussion, we **decided on** our final goal.	長い話し合いの後, 私たちは最終目標を決めた。
1520	
for a change	気分転換に
The couple ate out **for a change**.	そのカップルは気分転換に外食した。

1521

get away (from ~)

（～から）離れる，逃げる

I can't **get away from** work tonight because I have so much to do.

することがたくさんあるので今夜は仕事から離れられない。

1522

go after ~

～の後を追う

I saw a woman drop her scarf, so I picked it up and **went after** her.

私は女性がスカーフを落とすのを見たので，それを拾って彼女の後を追った。

1523

go along with ~

～を支持する，
～と一緒に行く

I would like to **go along with** your proposal.

私はあなたの提案を支持したい。

1524

go over ~

～を詳しく調べる

He **went over** the plans again and discovered two mistakes.

彼はもう一度その計画表を詳しく調べて，誤りを2つ見つけた。

1525

go through ~

～を経験する

My daughter **went through** months of hard training before she became a firefighter.

私の娘は何カ月にもわたる厳しい訓練を経験して，消防士になった。

1526

hand down ~

～を後世に残す，
～を伝える [≒ pass on ~]

This old vase has been **handed down** through my family for generations.

この古い花瓶は私の家に代々伝わってきたものだ。

1527

hand [give] out ~

～を配る

The examiner **handed out** a test paper to each candidate.

試験官が志願者1人1人に問題用紙を配った。

熟語編

A

でる度
B

Section 16

1528	電話を切らずに待つ
hold the line	[≒ hold on]
He asked me to **hold the line** for a moment.	彼は私に電話を切らずに少し待つように頼んだ。

1529	連続して，1列に
in a row	
He has won five championships **in a row**. I think he'll win this year as well.	彼は5回連続して優勝した。彼は今年も優勝すると思う。

1530	ある意味で
in a [one] sense	
He is **in a sense** an artist.	彼はある意味で芸術家だ。

1531	～に気に入られて
in *one's* favor	
My sister is **in the teacher's favor**.	私の姉[妹]は先生に気に入られている。

1532	～をさがして，～を求めて
in search of ～	
Many people came here **in search of** gold.	多くの人が黄金をさがしてここにやって来た。

1533	長い目で見れば
in the long run	
This is a good idea **in the long run**.	長い目で見れば，これは良いアイデアだ。

1534	～の最中に［で］，～の真ん中に［で］
in the middle of ～	
A man interrupted the speaker with a question **in the middle of** the speech.	1人の男性がスピーチの最中に質問をして演説者の話をさえぎった。

1535	~に目を通す， ~を（ざっと）調べる
look over ~	
My teacher **looked over** my essay.	私の先生は私の小論文に目を通した。

1536	道に迷う
lose *one's* way	
They **lost their way** on the mountain.	彼らは山中で道に迷った。

1537	違いを生む
make a difference	
He believes that any small action can **make a difference**.	彼はどんな小さな行動でも違いを生む可能性があると信じている。

1538	（あり合わせのもの）で済ます
make do with ~	
I am going to **make do with** my old computer for a while.	私はしばらくは古いコンピューターで済ませるつもりだ。

1539	CにちなんでAを（Bと）名付ける
name *A* (*B*) after *C*	
He **named** his dog Tom **after** his favorite singer.	彼は自分のお気に入りの歌手にちなんで犬をトムと名付けた。

1540	わずか~， ~にすぎない [≒ only]
no more than ~	
We get **no more than** ten minutes to perform.	私たちが演奏する時間はわずか10分だ。

1541	今はもう…だから
now that ...	
Now that I have a family to support, I have to work hard.	私には今はもう養うべき家族がいるのだから，一生懸命働かないといけない。

熟語編

A

でる度
B

Section 16

1542
of *one's* own
自分自身の

Many people want to have a house **of their own**.

多くの人々が自分自身の家を持ちたいと思っている。

1543
on account of ~
~のために, ~によって

He resigned **on account of** illness.

彼は病気のために辞職した。

1544
on demand
要求 [請求] があり次第

You have to show your passport **on demand** in foreign countries.

外国では, 要求されたらパスポートを見せなければならない。

1545
on the move
発展して [= in progress]

The city is **on the move** thanks to its computer industry.

その都市はコンピューター産業のおかげで発展している。

1546
on the spot
即座に, その場で

She decided to marry him **on the spot**.

彼女は彼と結婚することを即座に決めた。

1547
on top of ~
(しばしば悪いことについて) ~に加えて, ~の上に

He was poor and, **on top of** that, physically weak.

彼は貧しく, それに加えて, 病弱だった。

1548
out of date
時代遅れで [の]

This device is **out of date**.

この装置は時代遅れである。

1549	
pass on *A* **to** *B*	AをBに伝える
He wants to **pass on** this traditional way of living **to** future generations.	彼はこの伝統的な暮らし方を未来の世代に伝えたいと思っている。

1550	
pick out ~	~を選び出す
There were so many nice blouses that it was hard for me to **pick out** one.	あまりにもたくさんの素敵なブラウスがあったので，私には1着を選び出すのが難しかった。

1551	
put out ~	~を外に出す
The first thing the store manager did was to **put out** the advertising sign.	店長が最初にしたことは，看板を外に出すことだった。

1552	
refrain from *doing*	~するのを慎む
Teachers **refrain from smoking** on the school grounds.	教員たちは学校の敷地内では喫煙するのを慎んでいる。

1553	
rule out ~	~を除外する
We cannot **rule out** the possibility that this kind of insect will suddenly become extinct.	私たちはこの種の昆虫が突然絶滅するという可能性を除外することはできない。

1554	
run away (from ~)	(~から)走り去る，逃げる
He **ran away from** the crime scene.	彼は犯行現場から逃げた。

1555	
send out ~	~を多数発送[配布]する，~を派遣する
We **sent out** invitations to our customers.	私たちは顧客に招待状を発送した。

熟語編

A

でる度 B

Section 16

1556

sit back

くつろぐ，深く座る

We **sat back** and enjoyed the show.

私たちは<u>くつろいで</u>ショーを楽しんだ。

1557

take after ~

（親など）に似ている

He **takes after** his grandfather.

彼は彼の祖父に<u>似ている</u>。

1558

take up ~

（趣味・仕事として）～を始める

She decided to **take up** sailing.

彼女はセーリング<u>を始める</u>ことに決めた。

1559

the last thing (that)...

最も…しそうにないこと

Singing on the stage was **the last thing that** he would do.

ステージで歌うなど，彼が<u>最もしそうにないこと</u>だった。

1560

to *one's* joy

うれしいことに

To my great **joy**, both my wife and baby are well after childbirth.

大変<u>うれしいことに</u>，産後私の妻と赤ん坊はともに健康だ。

1561

to *one's* surprise

驚いたことに

To my surprise, my daughter will start working in Singapore from next month.

<u>驚いたことに</u>，私の娘は来月からシンガポールで働き始める予定だ。

1562

turn over ~

～を裏返す

Students were told to **turn over** the test paper and fill out the blanks.

生徒たちは問題用紙<u>を裏返して</u>空欄を埋めるように言われた。

1563

watch out for ~

～に気をつける，
～を油断なく見張る

You should **watch out for** traffic when you cross the street.

通りを渡るときは車の往来に気をつけるべきだ。

1564

what is called

いわゆる [≒ so-called, what we [you, they] call]

That's **what is called** "afternoon tea" time.

それはいわゆる「アフタヌーンティー」の時間だ。

1565

above all

何よりも

Above all, people should avoid spending a long time staring at a screen.

何よりも，人々はスクリーンを長時間見て過ごすのを避けるべきだ。

1566

account for ~

～の所在がわかっている，
～ (の理由) を説明する

The teacher made sure that all the students are **accounted for**.

先生は全ての生徒の所在が明らかになっていることを確認した。

1567

accuse *A* of *B*

AをBのことで非難 [告訴] する

The teacher **accused** the boy **of** copying another student's homework.

先生はその男の子をほかの生徒の宿題を写したことで非難した。

1568

as a (general) rule

通例 [≒ usually]，
概して [≒ generally]

As a rule, we don't return application forms.

通例，私たちは申込用紙を返却しない。

1569

as a matter of fact

実のところは，実際は

He likes cookies. **As a matter of fact**, he bakes some every weekend.

彼はクッキーが好きだ。実のところ，彼は毎週末クッキーを焼く。

熟語編

A

でる度
B

Section 16

1570
at any cost
どんな犠牲を払っても，
どんなに費用をかけても

He decided to carry out the project **at any cost**.

彼は<u>どんな犠牲を払っても</u>その計画を実行しようと決心した。

1571
at random
無作為に，手当たり次第に

I picked up three books **at random**.

私は3冊の本を<u>無作為に</u>手に取った。

1572
at (the) most
最高 [最大] でも，
せいぜい (⇔ at least)

The repair cost will be 50 dollars **at most**.

修繕費は<u>最高でも</u>50ドルだろう。

1573
at times
時々 [≒ sometimes]

At times, I miss my friends in my hometown.

<u>時々</u>，私は故郷の友人たちに会えないのを寂しく思う。

1574
back and forth
行ったり来たり，
前後 (左右) に

He was anxiously walking **back and forth** in the living room.

彼は心配そうに居間の中を<u>行ったり来たり</u>歩いていた。

1575
be acquainted with ～
～と顔見知りである

He **is acquainted with** my boss.

彼は私の上司<u>と顔見知りである</u>。

1576
be engaged in ～
～に従事している

No matter what business you **are engaged in**, you must be sincere.

どんな事業に<u>従事していて</u>も，誠実でなければいけない。

1577
be familiar with ～

～に精通している

His mother **is familiar with** Japanese customs.

彼の母親は日本の慣習に精通している。

1578
be free from [of] ～

～がない

Everyone hopes that someday the world will **be free from** hunger.

誰もがいつか世界に飢えがなくなることを望んでいる。

1579
be independent of ～

～から独立している

Some children can't **be independent of** their parents.

親から自立することができない子どもたちもいる。

1580
be likely to *do*

～しそうである

Medical care for elderly people **is likely to become** more important.

高齢者のための医療はさらに重要になりそうである。

1581
be made up of ～

～で構成されている

Our school council **is made up of** ten students representing the school.

当校の生徒会は学校を代表する10人の生徒で構成されている。

1582
be obliged to *do*

～するよう義務づけられている

He **is obliged to start** work at 9 a.m. every day.

彼は毎日午前9時に仕事を始めるよう義務づけられている。

1583
be reluctant to *do*

～することに気が進まない
(⇔ be willing to *do*)

My father **was** at first **reluctant to let** me go abroad.

当初，私の父親は私を海外に行かせることに気が進まなかった。

1584
be sick of ~
~にうんざりしている

I **am sick of** crowded trains.

満員電車には<u>うんざりだ</u>。

1585
be subject to ~
~になりやすい，
~を受けやすい

Prices **are subject to** change without notice.

値段は予告なく変更に<u>なりやすい</u>。

1586
be sure of ~
~を確信している

I'**m sure of** your innocence because you were here when the crime took place.

君はその犯罪が起こったときここにいたのだから，僕は君の無罪を<u>確信している</u>。

1587
be true of ~
~に当てはまる

What the critic said **is** particularly **true of** my work.

批評家が述べたことは特に私の作品<u>に当てはまる</u>。

1588
be typical of ~
~に典型的な，~に特有の

This kind of behavior will **be typical of** youngsters living in the age of AI.

この種の行動はAI時代を生きる若者の<u>典型</u>となるだろう。

1589
be willing to *do*
進んで~する

She **is willing to accept** jobs that others refuse to do.

彼女は人が拒否する仕事を<u>進んで受ける</u>。

1590
break into ~
~へ（不法に）押し入る，急に~し始める [= burst into ~]

Several students saw the man **break into** the jewelry shop.

数人の学生が，その男が宝石店へ<u>押し入る</u>のを見た。

1591	
break out	(災害・戦争などが) 発生する, 勃発(ぼっぱつ)する

A fire **broke out** in a factory near my house.

私の家の近くの工場で火災が発生した。

1592	
bring about ～	(結果など) を招く, ～を引き起こす [≒ cause]

His carelessness **brought about** the traffic accident.

彼の不注意がその交通事故を招いた。

1593	
bring down ～	～を下げる, ～を落ち込ませる

Deflation has been **bringing down** prices.

デフレが物価を下げ続けてきた。

1594	
bring up ～	～を育てる

My mother was **brought up** in the United States, so she has no problems with English.

私の母はアメリカで育てられたので, 英語には全く問題がない。

1595	
by means of ～	～によって

We express our thoughts **by means of** language.

私たちは言語によって自分の考えを表現する。

1596	
by no means	決して～でない [≒ not at all]

Graduating from college is **by no means** a simple matter.

大学を卒業することは決して簡単なことではない。

1597	
call off ～	～を中止する [≒ cancel]

We had to **call off** our trip to China because of the typhoon.

台風のために, 私たちは中国旅行を中止しなければならなかった。

熟語編

A

でる度
B

Section 16

221

1598	
call on _A_	Aを訪ねる
He **called on** me just before I left the office.	彼は私が事務所を出る直前に私を<u>訪ねてきた</u>。

1599	
care for ~	～の世話をする，～を好む
We must learn to **care for** elderly people properly.	私たちは適切にお年寄りの<u>世話をすること</u>を学ばなければならない。

1600	
carry on ~	～を続ける
The children **carried on** talking even after the teacher entered the room.	子どもたちは先生が部屋に入ってきた後もおしゃべりを<u>続けた</u>。

● 接頭辞から意味を推測しよう

英単語の多くは「接頭辞」「語根」「接尾辞」で構成されます。

unfortunately = **un-**〈接頭辞：否定〉

+ **fortunate**〈語根：幸運な〉 + **-ly**〈接尾辞〉

この単語の頭にある接頭辞を知っていると，知らない単語でも，意味を推測することができます。例を見てみましょう。

- 「否定・反対」を示す接頭辞 **un-** (**un**fortunately), **dis-** (**dis**appear)
- 「内・内側」を示す接頭辞 **in-/im-** (**in**clude, **im**port)
- 「外・外側」を示す接頭辞 **ex-** (**ex**clude, **ex**port)
- 「前・あらかじめ」を示す接頭辞 **pre-** (**pre**pare)
- 「～の状態にする」を示す接頭辞 **en-** (**en**large)

1601	
(close [near]) at hand	手元に，近くに
I can't look up the word because I don't have a dictionary **close at hand**.	辞書が<u>手元</u>にないので，私はその単語を調べられない。

1602	
come about	（予想外のことが）起こる，生じる
Luckily, no one was in the plant when the explosion **came about**.	爆発が<u>起こった</u>とき，幸運にも誰もその工場にはいなかった。

1603	
come to light	（秘密などが）明るみに出る
It **came to light** that someone was cheating during the exam.	試験の間，誰かがカンニングをしていたことが<u>発覚した</u>。

1604	
cope with ~	（難局・問題など）をうまく処理する
The new manager **coped with** a difficult situation.	新しい部長は難局<u>をうまく処理した</u>。

1605	
drop out	（競争から）脱落する，（活動・集団から）身を引く
He got injured and had to **drop out** in the middle of the race.	彼はけがをして，レースの途中で<u>棄権</u>しなければならなかった。

1606	
enable *A* to *do*	Aが~するのを可能にする，（主語によって）Aは~できる
The progress of AI will **enable** us **to focus** on creative jobs.	AIの発展は私たち<u>が</u>創造的な仕事に焦点を絞ることを<u>可能にする</u>だろう。

1607
far from ~
決して～でない，
～どころではない

The explanation for their delay was **far from** satisfactory.

彼らの遅延に対する釈明は<u>決して</u>満足できるもの<u>ではな</u>かった。

1608
for certain
確かに（は）[= for sure]

I don't know **for certain** how he made his fortune.

私は彼がどのように財産を作ったか<u>確かに</u>は知らない。

1609
for good (and all)
永久に

He went to the United States **for good**.

彼はアメリカに行ったきり<u>永久に</u>帰ってこなかった。

1610
for the time being
当分の間

I plan to stay in this town **for the time being**.

<u>当分の間</u>，私はこの町に滞在する予定だ。

1611
get by
何とかやっていく [≒ cope]，
通り抜ける [≒ pass]

I have trouble **getting by** on my small salary.

私は少ない給料で<u>やっていく</u>のに苦労している。

1612
go off
（警報などが）鳴る

My alarm clock failed to **go off** this morning.

今朝，私の目覚まし時計は<u>鳴ら</u>なかった。

1613
hang up
（電話）を切る（⇔ hold on）

I had to **hang up** the phone to take care of my baby.

私は赤ちゃんの世話をするために電話<u>を切ら</u>ないといけなかった。

1614

have ~ in common

共通して〜を持つ

My father and I **have** a lot **in common**.

父と私にはたくさんの**共通点がある**。

1615

have second thoughts

考え直す [≒ reconsider]

The manufacturer is **having second thoughts** about launching a new version of the game.

製造業者は，そのゲームの新バージョンを発売することについて**考え直**しつつある。

1616

head for ~

〜に向かう

I'm **heading for** the mountains to observe birds and flowers.

私は鳥や花を観察するために山**へ向かっている**。

1617

hold up ~

(交通・生産など)を遅らせる，〜を持ち上げる

The bad weather **held up** our departure.

悪天候が私たちの出発を**遅らせた**。

1618

in comparison with [to] ~

〜と比べると

In comparison with Japan, the cost of food in the U.S. is low.

日本**と比べると**，アメリカの食費は安い。

1619

in contrast (to ~)

(〜とは)対照的に

In contrast to last winter, we had heavy snowfall this winter.

昨冬**とは対照的に**，この冬はたくさん雪が降った。

1620

in detail

詳細に

He described the accident **in detail**.

彼は事故のことを**詳細に**述べた。

1621	
in effect	事実上
In effect, what he said means nothing.	事実上, 彼の言ったことは何の意味もない。

1622	
in exchange for ～	～と引き換えに
She bought me lunch **in exchange for** helping her.	彼女を手伝うの<u>と引き換えに</u>, 彼女は私に昼食をおごってくれた。

1623	
in favor of ～	～に賛成して, ～のために
The committee was **in favor of** the government's new policy.	委員会は政府のその新しい政策<u>に賛成して</u>いた。

1624	
in order	順序正しく (⇔ out of order), 整理されて
She arranged the books on the shelf **in order**.	彼女は本を<u>順序正しく</u>棚に並べた。

1625	
in person	(電話・手紙などではなく) 直接, じかに
It is important to talk **in person** if the topic is delicate.	話題が繊細な場合は<u>直接</u>話すことが重要である。

1626	
in place of ～	～の代わりに [= instead of ～]
They used silk **in place of** cotton.	彼らは木綿<u>の代わりに</u>絹を使用した。

1627	
in private	内緒で, 誰もいないところで (⇔ in public)
Is there anywhere we can speak **in private**?	どこか<u>内緒で</u>話をできるところはありますか。

1628

in progress

進行中で [の]

Students need to be quiet when a test is **in progress**.

テストが進行中のときは生徒は静かにする必要がある。

1629

in public

人前で，公然と (⇔ in private)

My father is open with his feelings **in public**.

私の父は人前で感情をおおっぴらに表す。

1630

in relation to ~

~に関して

I have no objection **in relation to** that point.

私はその点に関して，全く異論はない。

1631

in shape

体調が良くて

She goes to the gym every day to stay **in shape**.

彼女は体調が良い状態を保つために毎日ジムへ行く。

1632

in short

手短に言えば，要するに

In short, you should break up with him.

手短に言えば，彼とは別れるべきだ。

1633

in the face of ~

~に直面して，
~にもかかわらず

She never gives up **in the face of** any difficulties.

彼女はどんな困難に直面しても決してあきらめない。

1634

in the first place

そもそも，まず初めに

I didn't want to come to this party **in the first place**.

私はそもそもこのパーティーには来たくなかった。

熟語編

A

でる度 **B**

Section 17

227

1635
in the meantime
その間に

In the meantime, she got over her illness.

そうこうする間に彼女は病気から回復した。

1636
in use
使われて

I wanted to do some research, but all the computers were **in use**.

私は調べ物をしたかったが，全てのコンピューターが使われていた。

1637
(It is) no wonder (that)...
…は全く不思議ではない

No wonder she looks so depressed, as her father just passed away.

父親を亡くしたばかりでは，彼女があれほど落ち込んでいるように見えるのは全く不思議ではない。

1638
keep [bear] ~ in mind
~を心に留める

I always **keep** this lesson **in mind**.

私は常にこの教訓を心に留めている。

1639
keep in touch [contact] with ~
~と連絡 [接触] を保つ

I use e-mail to **keep in touch with** my father in the United States.

私はアメリカにいる父と連絡を取るのにEメールを使っている。

1640
keep off ~
~に近寄らない，~を避ける

The park manager told the children to **keep off** the grass.

公園管理人が子どもたちに芝生に近寄らないようにと言った。

1641
keep track of ~
~を見失わないようにする，(人の動向など)に注意している

It is difficult to **keep track of** time.

時間の経過を常に追うのは難しい。

1642
lay off ~

〜を一時的に解雇する

Because the company has not made a profit for years, many employees were **laid off**.

その会社は何年も利益を出していないので，多くの従業員が一時解雇された。

1643
leave *A* alone

Aを放っておく

When I'm angry, she just **leaves** me **alone**.

私が怒っているとき，彼女はただ私を放っておいてくれる。

1644
live up to ~

（期待など）に応える，〜に従って生きる［行動する］

She is studying hard to **live up to** her parents' expectations.

彼女は両親の期待に応えるため，懸命に勉強している。

1645
long for ~

〜に思い焦がれる，〜を熱望する

Elderly people have a tendency to **long for** their youth.

年配の人たちは青年時代に思い焦がれる傾向がある。

1646
look down on [upon] ~

〜を見下す (⇔ look up to ~)

We should not **look down on** others.

他人を見下すべきではない。

1647
look into ~

〜を調べる，〜をのぞき込む

The police are **looking into** the case.

警察がその事件を調べている。

1648
major in ~

〜を専攻する [≒ specialize in ~]

She decided to **major in** biology at college.

彼女は大学で生物学を専攻することに決めた。

熟語編

でる度 **B**

Section 17

1645 この long は動詞だよ。形容詞の long「長い」と混同しないように注意しよう。

1649 **make an appointment**	（人と会う）約束をする
I **made an appointment** with my client next Monday morning.	私は来週の月曜日の午前中に顧客と会う約束をした。
1650 **make fun of ~**	～をからかう
Stop **making fun of** me!	僕をからかうのはやめろ！
1651 **make *one's* way**	前進する，成功する
They **made their way** through the jungle.	彼らはジャングルの中を前進した。
1652 **make sense**	道理にかなう，意味が通じる
The new plan **makes** no **sense** at all.	その新しい計画は全く道理にかなっていない。
1653 **make up *one's* mind**	決心する，判断を下す
I can't **make up my mind** which car to buy.	私はどの車を買うか決心できない。
1654 **make use of ~**	～を利用［活用］する
I **made use of** my experience of staying in Canada to get a job.	私は仕事を得るためにカナダ滞在の経験を利用した。
1655 **none of *one's* business**	～には関係ない
It's **none of your business**.	それはあなたには関係のないことだ。

1656
not to mention ~

~は言うまでもなく

Her handwriting is terrible, **not to mention** her spelling.

彼女の語のつづり方は言うまでもなく，筆跡もひどい。

1657
on *one's* own

独力で，1人で [≒ alone]

She wondered if she could organize a party **on her own**.

彼女は独力でパーティーの準備ができるかしらと思った。

1658
on the condition that ...

…という条件で，もし…なら [= only if ...]

He lent me the money **on the condition that** I pay it back in a month.

1カ月後に返済するという条件で，彼はお金を貸してくれた。

1659
on the contrary

それどころか，それと逆に

He's not my friend. **On the contrary**, he's my enemy.

彼は私の友人ではない。それどころか，彼は私の敵だ。

1660
on the whole

全体的に見て，概して [≒ generally, by and large]

The movie I saw yesterday was, **on the whole**, very good.

昨日私が見た映画は，全体的にとても良かった。

1661
one (~) after another

(~を)次々と，1つずつ

He ate **one** cookie **after another**.

彼はクッキーを次々と食べた。

1662
one by one

1つずつ，順番に

We discussed these issues **one by one**.

私たちはこれらの問題を1つずつ話し合った。

熟語編

A

でる度
B

Section 17

1663
out of control
制御しきれなくなって

The TV news says the forest fire is completely **out of control**.

テレビニュースによれば，その山火事は完全に制御しきれなくなっているとのことだ。

1664
owing to ～
～のために，～の理由で
[≒ because of ～, due to ～]

Our flight was delayed **owing to** the heavy snow.

大雪のために私たちの飛行機が遅れた。

1665
pass away
(人が)亡くなる [≒ die]，
過ぎ去る

My grandfather had been ill for some time and **passed away** last week.

私の祖父はしばらくの間病気だったが，先週亡くなった。

1666
prohibit *A* from *doing*
Aが～するのを禁止する

There are more and more countries that **prohibit** people **from smoking** inside buildings.

人々が建物内で喫煙するのを禁止する国がますます増えている。

1667
provided that ...
もし…なら，
…という条件で

I'll go skiing with you **provided that** you teach me how to ski.

滑り方を教えてくれるのなら，私はあなたとスキーに行く。

1668
pull off ～
～をやってのける，
～を引っ張って取る

They **pulled off** the tough project.

彼らは困難な事業をやってのけた。

1669
put an end to ～
～を終わらせる

She **put an end to** the fight between her brothers.

彼女は兄弟のけんかを終わらせた。

1670
put aside ~

~を脇に置いておく，（問題など）を考えないことにする

She decided to **put** her work **aside** and take a rest.

彼女は仕事を脇に置いておき，休憩することにした。

1671
put away ~

~を片付ける

My mother told me to **put** the dishes **away** in the cupboard.

母は私に，戸棚に皿を片付けるように言った。

1672
put ~ into [in] practice

~を実行する [≒ carry out ~]

We are ready to **put** the plan **into practice**.

私たちはその計画を実行する準備ができている。

1673
put off ~

~を延期する [≒ postpone]

The Sports Day was **put off** due to rain.

運動会は雨で延期された。

1674
put up with ~

~を我慢する [≒ tolerate, endure, stand for ~]

We don't have to **put up with** his selfishness.

私たちは彼の身勝手を我慢する必要はない。

1675
remind A of B

AにBを思い起こさせる

The song always **reminds** me **of** my school days.

その歌はいつも私に学生時代を思い起こさせる。

1676
run through ~

~をざっとおさらいする

We **ran through** the play one more time before the real performance.

私たちは本番の前にもう一度，芝居をざっとおさらいした。

熟語編

A

でる度
B

Section 17

1677 **settle down**	身を固める，落ち着く
He decided to get married and **settle down**.	彼は結婚して身を固める決意をした。
1678 **shake hands**	握手をする
We **shook hands** with a smile.	私たちは笑顔で握手をした。
1679 **show off ~**	~を見せびらかす
That rich boy loves to **show off** his sports car.	あの金持ちの少年は，自分のスポーツカーを見せびらかすのが大好きだ。
1680 **show up (~)**	姿を見せる，現れる [≒ appear]，~を目立たせる
Only a few people **showed up** for her farewell party.	彼女の送別会にはわずか数人しか姿を見せなかった。
1681 **sit up**	（寝ないで）起きている
She **sat up** all night attending to her sick mother.	彼女は一晩中起きて病気の母を看病した。
1682 **sooner or later**	遅かれ早かれ
He will clean up his room **sooner or later**.	彼は遅かれ早かれ部屋を片付けるだろう。
1683 **speak up**	もっと大きな声で話す， はっきりと意見を述べる
The audience asked the speaker to **speak up** because they couldn't hear her.	聴衆は話者の声が聞こえなかったので，彼女にもっと大きな声で話すよう求めた。

1684

stand by (～)

待機する,
～を支援する [≒ support]

A nurse was **standing by** at the stadium to take care of injured athletes.

負傷した選手を手当てするために, 競技場には看護師が待機していた。

1685

stand out

目立つ

The hotel is a sixty-story building so it really **stands out**.

そのホテルは60階建てのビルなので, 本当に目立つ。

1686

sum up ～

～を要約する, ～を合計する

The teacher **summed up** the lesson in a few minutes.

先生は2, 3分で授業を要約した。

1687

take advantage of ～

(機会・状況など) を利用する, ～につけ込む

We **took advantage of** the fine weather to go to the beach.

私たちは良い天気を利用してビーチへ出かけた。

1688

take *one's* place

～の代理を務める
[= take the place of ～]

Because I was sick, my boss **took my place**.

私の具合が悪かったので, 上司が私の代役を務めた。

1689

take over ～

(職・責任など) を引き継ぐ, ～を支配する

He wants to **take over** our oil business.

彼は, 私たちの石油事業を引き継ぎたいと思っている。

1690

tell [distinguish] *A* from *B*

AをBと見分ける

I couldn't **tell** the real diamond **from** the fake one.

私は本物のダイヤモンドを偽物のダイヤモンドと見分けられなかった。

熟語編

A

でる度
B

Section 17

1691	
There is no *doing*	~することはできない [≒ It is impossible to *do*]
There is no knowing where he lives now.	彼が今どこに住んでいるのかを知ることはできない。

1692	
think over ~	~をじっくり考える
The history teacher gave the students ten minutes to **think over** their answers.	歴史の先生は生徒たちに答えをじっくり考えるための時間を10分与えた。

1693	
to some [a certain] extent	ある程度まで
His story is true **to some extent**.	彼の話はある程度までは真実だ。

1694	
to the point	的を射た(⇔ beside the point)
Good instructions should be short and **to the point**.	良い指示というものは，短くて的を射ていなくてはならない。

1695	
try out ~	~を試験する， ~の効果を試す
We **tried out** the new product.	私たちは新製品を試験した。

1696	
turn away ~	(顔・目など)をそらす
When I looked at her, she **turned** her face **away** from me.	私が彼女を見ると，彼女は私から顔を背けた。

1697	
turn up (~)	姿を現す [≒ show up, appear]， (音量など)を大きくする
She **turned up** at the party wearing a blue dress.	彼女は青いドレスを着てパーティーに姿を現した。

1698	
upside down	逆さまに，ひっくり返して
You should not hold the box **upside down**.	その箱を逆さまに持つべきではない。

1699	
use up ～	～を使い果たす
I need to be careful not to **use up** all of my money.	私はお金を全部使い果たさないよう気をつける必要がある。

1700	
wear out (～)	すり減る， (～を)すり減らす
The soles of your shoes are going to **wear out** sooner or later.	遅かれ早かれ，あなたの靴の底はすり減るだろう。

熟語編

A

でる度 **B**

Section 17

● 接尾辞を使って語彙を増やそう

単語の末尾に「接尾辞」をつけて品詞を変化させることができます。接尾辞を利用して語彙を増やしましょう。例えば，名詞effect「影響，効果」を覚える際には，形容詞effe**ctive**，副詞effe**ctively**も一気に覚えることができます。接尾辞の例を見てみましょう。

- ●名詞を作る接尾辞　**-ation** (expect**ation**)，
  　　　　　　　　　　-ance (import**ance**)
- ●形容詞を作る接尾辞　**-ive** (effect**ive**)，**-ous** (religi**ous**)
- ●副詞を作る接尾辞　**-ly** (effective**ly**)
- ●動詞を作る接尾辞　**-ize** (real**ize**)，
  　　　　　　　　　　-en (strength**en**)

1 下線部の語句の意味を答えましょう。

(1) She decided to **major in** biology at college.

彼女は大学で生物学（を　　　　　）ことに決めた。

(2) He **ran away from** the crime scene.

彼は犯行現場（から　　　　　）。

(3) He described the accident **in detail**.

彼は事故のことを（　　　　　）述べた。

(4) **As time went by**, he began to gain confidence in himself.

（　　　　　），彼は自信を持ち始めた。

2 日本語に合うように（　　）に英単語を入れましょう。

(1) 彼は彼の祖父に似ている。

He（　　　　　） after his grandfather.

(2) 運動会は雨で延期された。

The Sports Day was put（　　　　　） due to rain.

(3) 私は来週の月曜日の午前中に顧客と会う約束をした。

I made an（　　　　　） with my client next Monday morning.

(4) 他人を見下すべきではない。

We should not look（　　　　　） on others.

正解

1 (1) を専攻する (→**1648**)　(2) から逃げた (→**1554**)　(3) 詳細に (→**1620**)
　　(4) 時間がたつにつれて (→**1504**)

2 (1) takes (→**1557**)　(2) off (→**1673**)　(3) appointment (→**1649**)
　　(4) down (→**1646**)

会話表現編　100

英検2級によくでる会話表現をまとめました。

リスニングテストにもよくでるので，音声もあわせて活用して覚えましょう。

001

All you have [need] to do is (to) do.

〜しさえすればよい。

A: How can I use this dishwasher?
B: **All you have to do is to put** the dishes in it.

A: この食器洗い機はどう使えばいいのですか。
B: 中に食器を入れるだけでいいのです。

002

as far as I know

私の知る限り（では）

A: Is this restaurant any good?
B: Yeah, this is one of the best around here **as far as I know**.

A: このレストランは良いの？
B: ああ，僕の知る限り，この辺りで最高のレストランの1つだよ。

003

Attention, passengers [shoppers].

乗客 [お買い物中] の皆様にお知らせします。

Attention, passengers. We will be taking off soon, so please be seated and listen to the following instructions.

乗客の皆様にお知らせします。まもなく離陸いたしますので，着席して次の指示を聞いてください。

004

Can [Could / May] I have your name, please?

お名前を教えていただけますか。

A: Hello. I'd like to reserve a table for two for tonight at six.
B: Certainly, ma'am. **Could I have your name, please?**

A: もしもし。今夜6時に席を2名で予約したいのですが。
B: かしこまりました，お客様。お名前を教えていただけますか。

005

Can [Could / May] I speak to A?

（電話で）Aさんをお願いします。

A: Hello, my name is Chris. **Can I speak to Ms. Harris, please?**
B: I'm afraid that she doesn't work here anymore.

A: もしもし，クリスといいます。ハリスさんをお願いします。
B: 申し訳ありません，彼女はもうこちらでは働いていません。

006

Can [Could / May] I take a message?

（電話で）伝言を承りましょうか。

A: Hello. Is this John?
B: Sorry, he's not here. **Can I take a message?**

A: もしもし。ジョンですか。
B: すみません，彼はいません。伝言を承りましょうか。

007

Can [Could / May] I try on ~?

（店で）〜を試着してもよいですか。

A: **Can I try on** one of these skirts**?**
B: Of course. What size are you?

A: こちらのスカートの1着を試着してもよいですか。
B: もちろんです。サイズはいくつですか。

008

Can [Could] you call A back later?

（電話で）後でAにかけ直してもらえますか。

A: Hello. Is this Daniel?
B: Sorry, he's out right now. **Can you call** him **back later?**

A: もしもし。ダニエルですか。
B: すみませんが，彼は今外出しています。後で彼にかけ直してもらえますか。

会話表現編

009

Can [Could] you help me with ~?

私が〜するのを手伝ってもらえますか。

A: **Can you help me with** this math problem**?**
B: I'm not very good at math.

A: 私がこの数学の問題を解くのを手伝ってくれない？
B: 僕はあまり数学が得意じゃないんだ。

010

Can [Could] you make it ~?

〜は都合がつきますか。

A: **Can you make it** on Wednesday**?**
B: I've got something to do in the morning, but I could be there by two.

A: 水曜日は都合がつきますか。
B: 午前中は用事があるんだけど，2時までにはそこに行けるよ。

011

Can [Could] you pick me up at ～?

～へ（車で）迎えに来てもらえますか。

A: **Can you pick me up at** the station at 7 o'clock**?**

B: Sure. See you then.

A: 7時に駅へ迎えに来てもらえる？
B: いいよ。じゃあ，そのときに。

012

Can [Could] you slow down a bit?

もう少しゆっくり話してもらえますか。

A: **Can you slow down a bit?**

B: Sure.

A: もう少しゆっくり話してもらえますか。
B: わかりました。

013

Do [Would] you mind if I ～?

～してもいいですか。

A: **Do you mind if I** smoke**?**

B: I'd rather you didn't.

A: たばこを吸ってもいいですか。
B: できれば吸わないでほしいのですが。

014

Do you want me to *do*?

～しましょうか。

A: **Do you want me to cook** dinner tonight**?**

B: That'd be great, thank you.

A: 今夜は僕が夕食を作ろうか。
B: そうしてもらえるとうれしいわ，ありがとう。

015

Do you want to *do*?

～しませんか。，
～したいですか。

A: **Do you want to go** to see a movie tonight**?**

B: Sounds great. What are we going to see?

A: 今夜映画を見に行かない？
B: いいわね。何を見る？

016

Does that mean ...?

それはつまり…というこ
とですか。

A: I'm so sorry, honey. I have to work all weekend.

B: Does that mean you can't go camping with us?

A: 本当にごめん。週末ずっと仕事
をしなければならないんだ。

B: それはつまり私たちとキャンプ
に行けない<u>ということ？</u>

017

Don't mention it.

どういたしまして。,
とんでもないです。

A: I really appreciate all your help with my assignment.

B: Don't mention it.

A: 課題をいろいろ手伝ってくれて
本当に感謝するわ。

B: <u>どういたしまして。</u>

018

Don't miss ～.

～をお見逃しなく。

A: All these items are half price?

B: Yes. We're also having a sale at the kitchen department, so **don't miss** it.

A: これらの商品は全部半額ですか。

B: はい。台所用品売り場でもセー
ルを開催していますので，<u>お見
逃しなく。</u>

019

Excuse me. I'm looking for ～.

すみません。
～を探しているのですが。

A: Excuse me. I'm looking for a travel bag that can be folded.

B: We have some. This way, please.

A: すみません。折りたためる旅行
バッグを<u>探しているのですが。</u>

B: いくつかございますよ。こちら
へどうぞ。

020

Go ahead.

どうぞ。

A: Can I lend these DVDs to my friend?

B: Yeah. **Go ahead.**

A: これらのDVDを友だちに貸し
てもいい？

B: ええ。<u>どうぞ。</u>

021

Hold on a minute, please.

(電話で)少々お待ちください。

A: Hello. Can I talk to George, please? This is Lucy from Rainbow Insurance.
B: **Hold on a minute, please.**

A: もしもし。ジョージさんはいますか。こちらはレインボー保険のルーシーです。
B: 少々お待ちください。

022

How about *doing*?

～しませんか。,
～してはどうですか。

A: We can't go hiking this weekend because of the rain.
B: **How about going** to see a movie instead**?**

A: 雨で今週末はハイキングに行けないね。
B: 代わりに映画を見に行かない？

023

(How) can [could / may] I help you?

(店で)何かお探しですか。,
いらっしゃいませ。

A: **Can I help you?**
B: Yes. I'm looking for books on sports.

A: 何かお探しですか。
B: ええ。スポーツに関する本を探しています。

024

How come?

どうして？ [≒ Why?]

A: I didn't like the movie.
B: **How come?**
A: The story was OK, but the cast was terrible.

A: あの映画，気に入らなかったな。
B: どうして？
A: ストーリーはまあまあだったけど，配役がひどかった。

025

How do you like ～?

～はいかがですか。,
～をどう思いますか。

A: **How do you like** living in a big city**?**
B: Quite good, except the trains are a bit too crowded.

A: 大都市での生活はいかがですか。
B: なかなかいいですよ，列車が少し混雑し過ぎているのを除けば。

026

I appreciate it.

感謝しています。

A: Is there anything else I can do?

B: No, thanks. I really **appreciate it.** I couldn't have finished the report without your help.

A: ほかに私にできることはある？

B: ないよ。本当に感謝しているよ。君の助けがなかったら、レポートは終わらなかったよ。

I can't [don't] follow ~.

～の言っていることがわかりません。

A: Do you understand what he's saying?

B: He is speaking so fast that **I can't follow** him.

A: 彼の言っていることわかる？

B: あまりに速く話しているので彼の言っていることがわからないよ。

028

I can't help it.

どうにも仕方がない。

A: You'd better stop eating sweets, honey.

B: I'm trying, but **I can't help it.**

A: あなた、甘いものを食べるのはやめた方がいいよ。

B: 努力はしているんだけど、どうしようもないんだ。

I didn't mean it.

そんなつもりはなかったんです。

A: You are so rude!

B: I'm very sorry. **I didn't mean it.**

A: あなたとても失礼ね！

B: 本当にごめんなさい。そんなつもりはなかったんです。

I doubt it.

それはどうかな。、
そうは思いません。

A: I wonder if it will clear up soon.

B: **I doubt it.** It doesn't seem like it'll stop raining.

A: もうすぐ晴れるかな。

B: それはどうかな。雨はやみそうにないね。

会話表現編

031

I got stuck (in ~).

（〜に）巻き込まれました。，
動けなくなりました。

A: You're late.
B: I'm sorry. **I got stuck in** a traffic jam.

A: 遅いわよ。
B: ごめんね。渋滞に巻き込まれたんだ。

032

I have something to tell you.

ちょっと話があります。

A: **I have something to tell you.** It's about our daughter.
B: What's the matter?

A: ちょっと話があるの。私たちの娘についてなんだけど。
B: どうしたんだい？

033

I haven't seen you since ....

会うのは…以来ですね。

A: Long time no see.
B: Hi! **I haven't seen you since** we graduated from high school.

A: 久しぶりだね。
B: やあ！　会うのは高校卒業以来だね。

034

I see what you mean, but ....

あなたの言いたいことはわかりますが、…。

A: It's not my fault!
B: **I see what you mean, but** nobody else thinks so.

A: 私のせいじゃない！
B: 君の言いたいことはわかるけれど，ほかの誰もそう思っていないよ。

035

I wonder if you could ~.

〜していただけないでしょうか。

A: **I wonder if you could** reserve two tickets for us.
B: Certainly. I'll call the ticket office.

A: 私たちのためにチケットを2枚予約していただけないでしょうか。
B: かしこまりました。チケット売り場に電話します。

036

I'd appreciate it if you could ~.

〜していただけるとありがたいです。

A: **I'd appreciate it if you could** take care of my garden while I'm away.

B: OK.

A: 僕が留守の間、庭の手入れをしてもらえるとありがたいのだけど。

B: いいよ。

037

I'd like to *do*.

〜したいのですが。、〜したいです。

A: **I'd like to reserve** a table for 7 p.m. today.

B: How many people?

A: 今日午後7時にテーブルを予約したいのですが。

B: 何名様ですか。

038

I'd like to have *A done*.

Aを〜してほしいのですが。

A: **I'd like to have** this smartphone **fixed.**

B: Let me take a look and see what I can do.

A: このスマートフォンを直してほしいのですが。

B: ちょっと見せてもらって、私にできることを調べさせてください。

039

I'd love to.

ぜひそうしたいです。

A: Would you like to go shopping with me on Saturday?

B: **I'd love to,** but I already have plans on that day.

A: 土曜日に僕と買い物に行かない?

B: ぜひそうしたいんだけど、その日はすでに予定があるのよ。

040

I'd say (that) ....

(断定を避けて)…でしょうね。

A: Oh, my goodness, the engine won't start again!

B: **I'd say that** it's time to consider buying a new car.

A: なんてことかしら、またエンジンがかからないわ!

B: 新しい車を買うことを考える時期だろうね。

会話表現編

041

if I were you, | もし私があなただったら，

A: She always makes fun of me in front of her friends.
B: If I were you, I wouldn't be able to stand it.

A: 彼女はいつも彼女の友だちの前で私をからかうのよ。
B: もし僕が君だったら，我慢できないね。

042

if that's OK with you | もしあなたがそれで良ければ

A: Let's go swimming this afternoon.
B: Well, I'd rather play tennis than go swimming **if that's OK with you**.

A: 今日の午後，泳ぎに行きましょう。
B: ええと，もし君が良ければ，水泳よりテニスをしたいな。

043

I'll be back in a minute. | すぐに戻ります。

A: Wait, I left my glasses in the car.
B: Maybe you should go back and get them.
A: Yeah. **I'll be back in a minute.**

A: 待って，車の中に眼鏡を忘れちゃったわ。
B: 戻って取ってくるのがいいかも。
A: そうだね。すぐに戻るね。

044

I'll go get ～. | ～を取ってきます。

A: Let's take a break.
B: Good idea. **I'll go get** some coffee.

A: 休憩しよう。
B: いいわね。コーヒーを取ってくるわ。

045

I'll keep my fingers crossed for ～. | ～の幸運を祈っています。

A: I'm really worried about my interview tomorrow.
B: I'm sure you'll be fine. **I'll keep my fingers crossed for** you.

A: 僕は明日の面接がとても心配なんだ。
B: きっと大丈夫よ。あなたの幸運を祈っているわ。

I'll treat you.

私がごちそうします。

A: I'm afraid I left my wallet at home.
B: That's all right. **I'll treat you tonight.**

A: あいにく家に財布を忘れてきちゃったんだ。
B: 大丈夫よ。今夜は私がごちそうするわ。

I'm afraid not.

残念ながら，そうではありません。

A: Do you think we'll be in time to catch the bus?
B: **I'm afraid not.**

A: バスに間に合うと思う？
B: 残念ながら，そうは思わないな。

048

I'm having trouble with ～.

～に困っています。

A: **I'm having trouble with** my computer. It freezes quite often.
B: Why don't you ask your brother for help?

A: コンピューターのことで困ってるんだ。しょっちゅうフリーズしちゃってさ。
B: お兄さんに助けてもらったらどう？

I'm just looking, thank you.

(店で)見ているだけです，どうも。

A: Good afternoon. Are you looking for something in particular?
B: No, **I'm just looking, thank you.**

A: こんにちは。特に何かお探しですか。
B: いいえ，見ているだけです，どうも。

I'm sorry to hear that.

それはお気の毒に。

A: I have a headache. I think I've caught a cold.
B: **I'm sorry to hear that.** You should get some sleep.

A: 頭痛がする。風邪をひいたんだと思う。
B: それはお気の毒に。睡眠を取った方がいいですよ。

会話表現編

249

I'm sorry, but ....

申し訳ありませんが, …。

A: **I'm sorry, but** I must be going now.
B: Oh, it was nice talking to you. Have a good night.

A: 申し訳ありませんが, もう行かないと。
B: ああ, 君と話せて楽しかったよ。おやすみなさい。

052

In that case,

それなら,, その場合は,

A: The weather is likely to be nice this weekend.
B: **In that case,** why don't we go to the beach on Saturday?

A: この週末は天気が良くなりそうだ。
B: それなら, 土曜日に海に行くのはどうかな?

Is A there [in B]?

(電話で)そちらに[Bに]Aさんはいますか。

A: Hello. **Is** Mrs. Parks **there?**
B: Yes. Hold the line, please.

A: もしもし。そちらにパークスさんはいますか。
B: はい。少々お待ちください。

Is it OK for me to *do*?

～してもいいですか。

A: **Is it OK for me to** park my car here?
B: I'm sorry, sir. Parking is prohibited in this area.

A: ここに車を止めてもいいですか。
B: 申し訳ありません。この区域は駐車禁止になっています。

055

It depends.

場合によります。

A: Where do you usually go for summer vacation?
B: **It depends.** My mother picks different places every year.

A: 夏休みはいつもどこに行くの?
B: 場合によるわ。母が毎年いろいろな場所を選ぶの。

056

It doesn't matter ~.

~は重要 [問題] ではありません。

A: What do you want to do this weekend?
B: **It doesn't matter** what we do as long as I can be with you.

A: 今週末は何をしたい？
B: 君といられるならば何をするかは重要じゃないよ。

057

It looks like ....

…のようです。

A: **It looks like** many people are waiting in line.
B: Let's go somewhere else. I hate to wait for a long time.

A: 大勢の人が列に並んでいるようだわ。
B: どこかほかへ行こう。長時間待つのは嫌だよ。

058

It's been a long time!

久しぶりだね！

A: Hi! **It's been a long time!**
B: Hello. Yes, it must have been about a year. How are you doing?

A: やあ！　久しぶりだね！
B: こんにちは。そうね、1年ぶりぐらいのはずよ。元気？

059

(It's) my pleasure.

どういたしまして。

A: Thanks a lot for helping me.
B: **It's my pleasure.**

A: 手伝ってくれて本当にありがとう。
B: どういたしまして。

060

It's up to you.

あなた次第です。

A: Who should we invite to the party?
B: **It's up to you.**

A: パーティーに誰を招待したらいいかしら？
B: 君次第だよ。

061

I've always wanted to *do*.

ずっと〜したいと思って
いました。

A: Would you like to go skiing this
weekend?
B: Sure. **I've always wanted to try
it.**

A: 今週末，スキーに行かない？
B: いいね。ずっとやってみたいと
思っていたんだ。

062

I've got to go.

もう行かないと。

A: **I've got to go.**
B: OK. See you later.

A: 僕はもう行かないと。
B: わかった。じゃあまた。

063

Let me check (〜).

(〜を)確認させてくださ
い。

A: Two tickets for Tokyo, please.
We'd like to sit next to each other.
B: **Let me check.** I can get you
seats together on the 9:45 train.

A: 東京行きの切符を2枚ください。
隣り合って座りたいのですが。
B: 確認いたします。9時45分の列
車なら隣り合った席をお取りで
きます。

064

Long time no see.

お久しぶりです。

A: **Long time no see.**
B: Hi. You're looking good.

A: お久しぶりです。
B: やあ。元気そうだね。

065

May I take your order?

(飲食店で)ご注文を伺っても
よろしいですか。

A: Good afternoon. **May I take your
order?**
B: Yes. I'll have a coffee, please.

A: こんにちは。ご注文を伺っても
よろしいですか。
B: はい。コーヒーを1杯ください。

066

No way.

お断りだ。，そんなばかな。

A: Let's go see a horror movie.
B: **No way.** I hate scary movies.

A: ホラー映画を見に行こうよ。
B: <u>お断りよ。</u> 私は怖い映画は嫌いなの。

067

Not at all.

どういたしまして。

A: Well, I really have to be going. Thank you for your kindness.
B: **Not at all.** You're always welcome.

A: では，私は本当に行かないと。親切にしてくれてありがとう。
B: <u>どういたしまして。</u> あなたならいつでも歓迎するわ。

068

Not really.

そうでもないです。

A: This coffee tastes great, don't you think?
B: **Not really.** It's too strong.

A: このコーヒーはとてもおいしいわ。そう思わない？
B: <u>そうでもないね。</u> 濃過ぎるよ。

069

Other than that,

そのほかは，

A: How is your new job?
B: My boss is a bit difficult. **Other than that,** I'm quite enjoying it.

A: 新しい仕事はどう？
B: 上司がちょっと気難しいんだ。<u>そのほかは，</u> 結構楽しんでいるよ。

070

Sorry to interrupt you.

（仕事・話の最中などに）
ちょっとすみません。

A: **Sorry to interrupt you,** but can we talk about today's meeting?
B: All right. Go ahead.

A: <u>ちょっとすみません，</u> 今日の会議の話をしたいのですが。
B: いいですよ。どうぞ。

会話表現編

場面を思い浮かべながら覚えてみよう。 **253**

071

Take it easy.

気楽にね。，落ち着いて。

A: I'm worried about the math test.

B: Take it easy. It won't be so difficult.

A: 数学のテストが心配なの。

B: 気楽にね。それはそんなに難しくないよ。

Take your time.

ゆっくりどうぞ。

A: I think I need a few more minutes to get ready.

B: Take your time. We're not in a hurry.

A: 支度するのに，もう数分かかると思うわ。

B: ごゆっくりどうぞ。僕たちは急いでいないからね。

Thank you for coming to ~.

〜にお越しいただきありがとうございます。

Thank you for coming to our Spring Festival. There will be a parade soon, so please don't miss it!

春祭りにお越しいただきありがとうございます。まもなくパレードがありますので，お見逃しなく！

074

Thanks, anyway.

ともかく，ありがとう。

A: Could you please help me with this report?

B: I'm sorry. I'm busy right now.

A: Oh, OK. **Thanks, anyway.**

A: このレポートを手伝ってくれますか。

B: ごめんなさい。今は忙しいのよ。

A: ああ，わかった。ともかく，ありがとう。

That reminds me.

それで思い出しました。

A: I ran into David at the station yesterday.

B: That reminds me. I need to give him back his book.

A: 昨日，駅でばったりデイビッドに会ったよ。

B: それで思い出した。彼の本を返さなきゃ。

That sounds like fun.

それは楽しそうですね。

A: I'm going to Italy this summer.
B: **That sounds like fun.**

A: 今年の夏はイタリアに行く予定です。
B: <u>それは楽しそうですね。</u>

That's exactly what ....

それはまさに…です。

A: I think we should start something totally new to improve our sales.
B: **That's exactly what** I was thinking.

A: 売り上げを伸ばすために，私たちは何か全く新しいことを始めるべきだと思います。
B: <u>それはまさに私が考えていたことです。</u>

That's too bad.

それは残念だ。,
それは気の毒に。

A: I didn't do well in my exam last week.
B: **That's too bad.**

A: 先週の試験はいい点が取れなかったんだ。
B: <u>それは残念ね。</u>

That's very kind of you.

ご親切にありがとう。

A: Would you like me to carry your luggage?
B: **That's very kind of you.**

A: 荷物を持ちましょうか。
B: <u>ご親切にありがとう。</u>

---

think too much about ～

～のことを考え過ぎる

A: I'm nervous about tomorrow's tennis match.
B: You're **thinking too much about** winning. Just have fun.

A: 明日のテニスの試合が心配だわ。
B: 君は勝つ<u>ことを考え過ぎ</u>だよ。ただ楽しんで。

会話表現編

081

This is *A* speaking.

（電話で）はい，Aです。

A: Hello. Is Mr. Brown in the office?
B: **This is** John Brown **speaking.**

A: もしもし。ブラウンさんはオフィスにいますか。
B: はい，ジョン・ブラウンです。

To put it another way,

別の言い方をすると，

A: You are still young. **To put it another way,** you have many opportunities. Don't give up now.
B: Thank you.

A: 君はまだ若いんだ。別の言い方をすると，君にはたくさんのチャンスがある。今あきらめちゃだめだ。
B: ありがとう。

To tell you the truth,

実を言うと，，実は，

A: **To tell you the truth,** you're the first girlfriend I've ever had.
B: Really? You're my first boyfriend too.

A: 実を言うと，君が人生で初めての彼女なんだ。
B: 本当？ あなたも私の初めての彼氏なのよ。

Watch out!

気をつけて！

A: **Watch out!** A car is coming.
B: Thanks.

A: 気をつけて！ 車が来ているよ。
B: ありがとう。

What a mess.

なんて散らかっているんでしょう。

A: **What a mess.** We've got to clean up right away.
B: I forgot! Our guests are coming soon.

A: なんて散らかっているの。今すぐ片付けないと。
B: 忘れてた！ お客様がもうすぐ来るんだった。

What a shame!

実に残念だ！

A: **What a shame!** The rain is really starting to come down. I wanted to go fishing today.
B: Maybe we can go tomorrow.

A: 実に残念だ！ 雨が本当に降り出した。今日は釣りに行きたかったのに。
B: たぶん明日行けるわよ。

087

What do you say to ～?

～はどうですか。

A: What a beautiful day!
B: It sure is. **What do you say to having a picnic?**

A: なんて良い天気なんでしょう！
B: 本当にそうですね。ピクニックに行くのはどうですか。

What happened (to *A*)?

（*A*に）何があったの？

A: Our grandmother looks down today. **What happened to her?**
B: I heard her cat passed away.

A: おばあさんは今日，落ち込んでいるようだね。彼女に何があったの？
B: 彼女のネコが死んじゃったらしいよ。

What's the matter?

どうしたのですか。

A: You look unhappy. **What's the matter?**
B: We decided to cancel our camping trip due to bad weather.

A: 浮かない顔をしているね。どうしたの？
B: 悪天候でキャンプ旅行を中止することにしたんだ。

What's wrong (with ～)?

（～は）どうしたのですか。

A: **What's wrong?**
B: I can't find my smartphone.

A: どうしたの？
B: スマートフォンが見つからないの。

会話表現編

When would be convenient for you?

いつが都合良いですか。

A: Let's have a meeting. **When would be convenient for you?**

B: Tuesday would be best for me.

A: 打ち合わせをしましょう。いつが都合良いですか。

B: 私は火曜日が一番良いです。

092

Why do you say that?

なぜそんなことを言うのですか。

A: I had a big fight with my mother last night. She just doesn't understand me.

B: Why do you say that?

A: 私は昨夜，お母さんと大げんかをしたの。彼女は私をちっとも理解してくれないの。

B: どうしてそんなことを言うの？

Why don't we ～?

～しませんか。

A: **Why don't we** go cycling tomorrow?

B: I'd rather stay at home. It's too hot outside.

A: 明日，サイクリングに行かない？

B: 僕は家にいる方がいいな。外は暑過ぎるよ。

Why don't you ～?

～してはどうですか。

A: I've had a sore throat and a headache for a week.

B: **Why don't you** go and see a doctor?

A: 私は1週間，のどと頭が痛いの。

B: 医者に診てもらったらどう？

Would you hand [pass] me ～, please?

～を取ってもらえますか。

A: **Would you hand me** that pen, please?

B: Which one?

A: あのペンを取ってもらえますか。

B: どのペン？

Would you introduce yourself to ～?

～に自己紹介をしていただけますか。

A: **Would you introduce yourself to** everyone**?**

B: Sure, but I can't speak English well, so I'll just make a short speech.

A: みんなに自己紹介をしていただけますか。

B: はい，でも英語がうまく話せないので，ほんの短いスピーチをします。

097

Would you like ～?

～はいかがですか。

A: **Would you like** something to drink, sir**?**

B: Yes, thanks. Could I have some orange juice, please?

A: 何かお飲み物はいかがですか。

B: ええ，どうも。オレンジジュースをいただけますか。

Would you like me to *do*?

～しましょうか。

A: **Would you like me to bring** some small plates for sharing**?**

B: Thank you. Could we have four, please?

A: 取り分け用の小皿をお持ちしましょうか。

B: ありがとう。4枚いただけますか。

Would [Do] you mind *doing*?

～していただけませんか。

A: **Would you mind being** quiet**?**

B: Oh, we're very sorry.

A: 静かにしていただけませんか。

B: ああ，本当にすみません。

You must be kidding [joking].

冗談でしょう。，まさか。

A: My brother was fired from his job again. It's his third time this year.

B: **You must be kidding.** Unbelievable!

A: 僕の兄 [弟] がまた仕事をクビになったんだ。今年3回目だよ。

B: 冗談でしょう。信じられないわ！

会話表現編

英作文編　38

英検２級の英作文に使える表現を
まとめました。

例文もあわせて確認し，これらの
表現を使いこなせるようになりま
しょう。

001	
I think that ...	私は…だと思います
I think that organic food will be more popular in the future.	私は，今後，オーガニック食品はさらに人気になると思います。

002	
In my opinion, ...	私の意見［考え］では，…
In my opinion, people should try to use less electricity.	私の意見では，人々は電気の使用を減らそうとすべきです。

003	
I agree [disagree] that ...	私は…ということに同意します［同意しません］
I agree that people depend too much on the Internet.	私は，人々がインターネットに依存し過ぎていることに同意します。

004	
I agree [disagree] with the opinion that ...	私は…という意見に賛成［反対］です
I agree with the opinion that more young people will work overseas.	私は，海外で働く若者が増えるという意見に賛成です。

005	
I have [There are] two reasons why I think so.	私がそう思う理由が2つあります。
It is important for children to play sports. **I have two reasons why I think so.**	子どもがスポーツをすることは重要です。私がそう思う理由が2つあります。

006

I have two reasons (for this).

(その)理由は2つあります。

I think the number of people who want to learn English will increase in the future. **I have two reasons for this.**

今後，英語を学びたいと思う人の数は増えると思います。<u>その理由は2つあります。</u>

First, ...

第1に，…

I have two reasons to support this opinion. **First,** regular exercise can keep children healthy.

私がこの意見を支持する理由は2つあります。<u>第1に，</u>定期的な運動は子どもを健康に保つことができます。

Second, ...

第2に，…

First, regular exercise can keep children healthy. **Second,** physical exercise has good effects on mental health.

第1に，定期的な運動は子どもを健康に保つことができます。<u>第2に，</u>肉体的な運動は，心の健康に良い効果があります。

009

To begin with, ...

まず第1に，…

There are two reasons why I feel this way. **To begin with,** living in a big city can be very stressful.

私がこのように感じる理由が2つあります。<u>まず第1に，</u>都会で暮らすことは，強いストレスになることがあります。

First of all, ...

まず第1に，…

I think more people will buy organic food in the future. **First of all,** many people care about their health.

今後，オーガニック食品を買う人は増えると思います。<u>まず第1に，</u>多くの人が健康に気を使っています。

英作文編

In addition, ...

その上 [さらに], …

First of all, many people care about their health. **In addition,** such food is getting less expensive.

まず第1に，多くの人が健康に気を使っています。その上，そのような食品は安価になりつつあります。

012

Also, ...

また, …

To begin with, living in a big city can be very stressful. **Also,** the living cost is much higher than that of rural areas.

まず第1に，都会で暮らすことは，強いストレスになることがあります。また，生活費が農村部よりずいぶん高くつきます。

Furthermore, ...

さらに, … [≒ Moreover, ...]

To begin with, regular exercise can keep children healthy. **Furthermore,** sports can improve their communication skills.

まず第1に，定期的な運動は子どもを健康に保つことができます。さらに，スポーツは彼らのコミュニケーション能力を高めることができます。

This is because ...

これは…だからです

This is because many people are aware of the dangers of not enough exercise.

これは，多くの人が運動不足の危険性に気づいているからです。

A because B

Bなので，A

They welcome tourists **because** it helps improve their local economy.

地元経済の向上の一助となるので，彼らは観光客を歓迎します。

016 ☐ ☐ ☐ **because of ～**	～のために，～の理由で
Many people want to buy such products **because of** their low price.	多くの人がその低い価格のために そのような製品を買いたいと思い ます。

017 ☐ ☐ ☐ **One [Another] reason is that ...**	理由の１つは［もう１つの 理由は］…だからです
One reason is that they are good for the environment.	<u>理由の１つは</u>，それらは環境に良 いからです。

018 ☐ ☐ ☐ **The first [second] reason is that ...**	１つめ［２つめ］の理由は… だからです
The first reason is that people know that they can protect the Earth by buying such products.	<u>１つめの理由は</u>，人々はそのよう な製品を買うことで地球を守れる ことを知っている<u>から</u>です。

019 ☐ ☐ ☐ **thanks to ～**	～のおかげで
Thanks to advances in technology, people are now able to communicate with people all over the world online.	技術の進歩の<u>おかげで</u>，人々は今 では世界中の人々とオンラインで コミュニケーションを取ることが できます。

020 ☐ ☐ ☐ **For example [instance] , ...**	例えば，…
For example, students can experience different cultures.	<u>例えば，</u>学生は異文化を経験でき ます。

英作文編

021

A such as *B*

（例えば）Bのような A

Most people have electronic devices **such as** smartphones and tablet computers.

大多数の人がスマートフォンやタブレットコンピューターのような電子機器を持っています。

022

Therefore, ...

従って，…

Therefore, more people choose to work from home instead of going to the office.

従って，職場に行く代わりに在宅で仕事をすることを選ぶ人が増えています。

023

As a result, ...

その結果（として），…

As a result, many companies are having difficulty hiring foreign workers.

その結果，多くの企業が外国人労働者を雇うことに苦労しています。

024

This means that ...

これはつまり，…を意味します

This means that plastic waste is damaging animals in the ocean.

これはつまり，プラスチック廃棄物が海の動物に被害を及ぼしていることを意味します。

025

For these (two) reasons, ...

これら（2つ）の理由から，…

For these two reasons, I think more people will buy environmentally friendly products.

これら2つの理由から，環境に優しい製品を買う人は増えると思います。

026

That is why ...

そういうわけで，…

That is why I think more people will work from home in the future.

そういうわけで，今後，在宅で仕事をする人は増えると思います。

027

In conclusion, ...

結論として，…
[≒ In summary, ...]

In conclusion, I think that people should not trust information on the Internet.

結論として，人々はインターネット上の情報を信用するべきではないと思います。

028

The number of ~ is increasing [decreasing]

～の数が増えて［減って］います

The number of young people who want to work in big companies **is increasing**.

大企業で働きたいと思っている若者の数が増えています。

029

More and more ...

ますます（多くの）…

More and more people are trying to reduce plastic waste.

ますます多くの人がプラスチック廃棄物を減らそうと努力しています。

030

be becoming [getting] (more) ~

～になりつつあります

Such programs **are becoming more** common in schools.

そのようなプログラムは学校でより一般的になりつつあります。

英作文編

031

It is important [necessary] (for *A*) to *do*

（Aにとって）～することは重要 [必要] です

It is important for students **to think** about their future career.

学生にとって自分の将来の職業について考えることは重要です。

032

The most important thing is ～

最も重要なこと [もの] は ～

The most important thing for them **is** having free time rather than working hard.

彼らにとって最も重要なことは、一生懸命働くことよりむしろ、自由な時間を持つことです。

033

There are many people who ～

～する人がたくさんいます

There are many people who buy books online.

書籍をオンラインで購入する人がたくさんいます。

034

Some ...

…もあります [います]

Some schools provide online lessons.

オンライン授業を提供している学校もあります。

035

These days, ...

近ごろは，…

These days, plastic waste has become a big problem.

近ごろ，プラスチック廃棄物が大きな問題となっています。

It is often said that ...

…とよく言われます

It is often said that people these days are throwing things away too easily.

最近の人は物を簡単に捨て過ぎているとよく言われます。

Some *A*, and others *B*

Aもあれば, Bもあります

Some people only use their car on weekends, **and others** drive to work every day.

週末しか車に乗らない人もいれば, 毎日車で通勤する人もいます。

038

However, ...

しかしながら, …

Some people say fast food is quick and cheap. **However,** it is not healthy to eat it too often.

ファストフードは速くて安いと言う人もいます。 しかし, あまり頻繁に食べるのは健康的ではありません。

英作文編

□ best-selling	0778	□ capable	1163	□ collapse	1116
□ bet	0823	□ carbon dioxide	0452	□ collection	0639
□ bill	0083	□ care	0037	□ combination	0644
□ billion	0663	□ career	0179	□ combine	0822
□ biofuel	0961	□ carry-on	1184	□ comment	1150
□ biology	0159	□ case	0156	□ commercial	0897
□ birth	0860	□ cash	0532	□ commit	0804
□ bite	1121	□ casual	0392	□ common	0093
□ blanket	0352	□ cause	0003	□ commonly	0793
□ bleed	1014	□ cave	1055	□ communicate	0215
□ blind	0785	□ ceiling	1051	□ communication	0256
□ blog	0878	□ celebrate	0326	□ community	0140
□ blood	0436	□ cell	0242	□ commute	1106
□ bloom	0909	□ certain	0188	□ compare	0330
□ blow	1239	□ challenge	0358	□ compensate	1119
□ board	0457	□ challenging	1072	□ compete	0816
□ bomb	0874	□ championship	0653	□ competition	0165
□ bone	0453	□ charge	0036	□ complain	0301
□ book	0038	□ charity	0168	□ complaint	1022
□ border	1261	□ chase	0724	□ complete	0233
□ boring	0576	□ check	0015	□ completely	0495
□ bother	0603	□ checkup	0872	□ complex	0981
□ brain	0045	□ cheerful	0985	□ complicated	1073
□ branch	0947	□ chemical	0091	□ compose	1007
□ brand	0430	□ chemistry	0445	□ concentrate	0309
□ breath	0667	□ chess	0835	□ concern	0250
□ breathe	0516	□ chest	1139	□ conclude	1225
□ breed	1229	□ childcare	0740	□ conclusion	0554
□ breeze	1128	□ childhood	0548	□ condition	0238
□ brightness	1143	□ choice	0524	□ conference	0443
□ broadcast	0819	□ cigarette	1159	□ confess	1213
□ bubble	0571	□ citizen	0936	□ confidence	1037
□ Buddhist	1250	□ civilization	0755	□ confident	0387
□ budget	0934	□ classic	0395	□ confirm	0921
□ burst	1243	□ classical	0994	□ confuse	0515
□ bury	0602	□ clerk	0338	□ connect	0327
		□ click	0317	□ connection	0645
C		□ client	0143	□ consequence	0944
□ calculate	0723	□ climate	0278	□ consider	0204
□ calculation	0750	□ clinic	0434	□ consist	0628
□ calculator	1052	□ closely	0794	□ constant	0687
□ campaign	0442	□ clothing	0248	□ constantly	1094
□ cancel	0102	□ coal	0875	□ construct	1201
□ cancer	0858	□ coast	0257	□ construction	0438
□ candidate	0937	□ code	0562	□ consume	0401

数字は見出し語番号だよ。ページ数ではないので気をつけてね。　273

数字は見出し語番号だよ。ページ数ではないので気をつけてね。

☐ salary	0270	☐ sight	0660	☐ steel	0731
☐ salty	1187	☐ signal	0567	☐ step	0544
☐ sample	0463	☐ silently	0999	☐ stick	0332
☐ satellite	0754	☐ similar	0189	☐ stimulate	1210
☐ satisfy	0721	☐ simply	0690	☐ stir	0809
☐ scan	0424	☐ sincerely	0198	☐ stock	0927
☐ scar	0883	☐ sink	0803	☐ storage	1053
☐ scare	0409	☐ site	0151	☐ store	0039
☐ scary	0993	☐ situation	0052	☐ stranger	1136
☐ scene	0375	☐ skill	0056	☐ strength	0638
☐ scenery	0970	☐ skin	0379	☐ strengthen	0627
☐ scholarship	1127	☐ slightly	0997	☐ stress	0060
☐ screen	0561	☐ slum	0447	☐ stressful	0469
☐ script	1142	☐ smartphone	0089	☐ stretch	0608
☐ sculpture	1129	☐ smooth	1084	☐ structure	0642
☐ seal	1232	☐ social	0194	☐ struggle	0716
☐ search	0316	☐ society	0277	☐ studio	0952
☐ secondhand	0990	☐ software	0347	☐ stylish	0780
☐ secretary	0869	☐ soil	0863	☐ subject	0075
☐ section	0551	☐ solar	0389	☐ substance	0957
☐ security	0085	☐ solution	0163	☐ substitute	1115
☐ seek	1224	☐ somewhere	0196	☐ suburb	0888
☐ seldom	1297	☐ sort	0605	☐ succeed	0704
☐ select	0501	☐ sound	0992	☐ success	0245
☐ semester	0849	☐ source	0334	☐ successful	0186
☐ senior	0581	☐ souvenir	0856	☐ sudden	1287
☐ sense	0239	☐ spare	1169	☐ suffer	0111
☐ sentence	0139	☐ specialist	1040	☐ suggest	0016
☐ separate	0315	☐ specialize	0802	☐ suggestion	0929
☐ separately	1088	☐ specially	0998	☐ suit	0131
☐ serious	0193	☐ species	0956	☐ suitable	0973
☐ serve	0113	☐ specific	0585	☐ summary	0940
☐ session	0767	☐ spill	0514	☐ sunset	0834
☐ settle	1001	☐ spin	0519	☐ superior	1290
☐ shape	0124	☐ split	1013	☐ supplement	0090
☐ share	0028	☐ spread	0227	☐ supply	0613
☐ shark	0553	☐ stable	1077	☐ support	0033
☐ shelf	0546	☐ staff	0068	☐ supporter	0943
☐ shiny	1185	☐ stain	0884	☐ suppose	0311
☐ ship	1209	☐ standard	0466	☐ surf	0417
☐ shock	0626	☐ stare	0725	☐ surface	0450
☐ shortage	0558	☐ statement	0134	☐ surgery	0739
☐ shorten	1012	☐ status	0958	☐ surprising	0293
☐ shortly	0694	☐ steadily	1089	☐ surround	0703
☐ shot	0966	☐ steady	1292	☐ survey	0279

数字は見出し語番号だよ。ページ数ではないので気をつけてね。

数字は見出し語番号だよ。ページ数ではないので気をつけてね。

284

英作文編の数字は，会話表現編とは別カウントだから気をつけてね。 **285**

英作文編の数字は、会話表現編とは別カウントだから気をつけてね。

旺文社の英検®書

☆ 一発合格したいなら「全問＋パス単」！
旺文社が自信を持っておすすめする王道の組み合わせです。

過去問集 過去問で出題傾向をしっかりつかむ！
☆ **英検®過去6回全問題集** 1～5級
[音声アプリ対応] [音声ダウンロード] [別売CDあり]

単熟語集 過去問を徹底分析した「でる順」！
☆ **英検®でる順パス単** 1～5級
[音声アプリ対応] [音声ダウンロード]

模試 本番形式の予想問題で総仕上げ！
7日間完成 英検®予想問題ドリル 1～5級
[CD付] [音声アプリ対応]

参考書 申し込みから面接まで英検のすべてがわかる！
英検®総合対策教本 1～5級
[CD付]

問題集 大問ごとに一次試験を集中攻略！
DAILY英検®集中ゼミ 1～5級
[CD付]

二次対策 動画で面接をリアルに体験！
英検®二次試験・面接完全予想問題 1～3級
[DVD+CD付] [音声アプリ対応]

このほかにも多数のラインナップを揃えております。

旺文社の英検®合格ナビゲーター
https://eiken.obunsha.co.jp/
英検合格を目指す方のためのウェブサイト。
試験情報や級別学習法、おすすめの英検書を紹介しています。

※英検®は、公益財団法人 日本英語検定協会の登録商標です。

株式会社 旺文社 〒162-8680 東京都新宿区横寺町55
https://www.obunsha.co.jp/

[英検2級 でる順パス単 5訂版]　　　　　S4d202